Bitcoin Pandemonium
## 비트코인 대소동

BITCOIN PANDEMONIUM
Copyright ⓒ 2014 by NICOLAS LAURENT WENKER
All rights reserved

The publisher further agrees to print the following : "Korean translation rights arranged with NICOLAS LAURENT WENKER."

## 비트코인 대소동

| | |
|---|---|
| 초판인쇄 | 2018년 1월 5일 |
| 초판발행 | 2018년 1월 10일 |
| 지은이 | 니콜라스 로렌트 웬커(Nicolas Laurent Wenker) |
| 옮긴이 | 서문식 |
| 펴낸이 | 박노일 |
| 총괄기획 | 김중용·최준규 |
| 편 집 | 심성보·김인숙 |
| 펴낸곳 | pnc 피엔씨미디어 |

경기도 고양시 일산동구 강송로 153 310-1501
등록 제396-2012-000203호
전 화 070)7550-3758  팩 스 02)718-8554
홈페이지 www.pncmedia.co.kr  이메일 pnc@pncmedia.co.kr
ISBN 979-11-5730-536-0   03320

※ 무단복사 및 전재를 금합니다. 파본 및 낙장본은 교환하여 드립니다.

정 가    15,000원

# Bitcoin Pandemonium
# 비트코인 대소동

Nicolas Laurent Wenker 지음
서문식 옮김

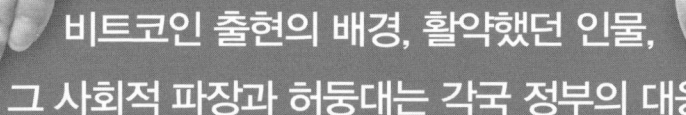

비트코인 출현의 배경, 활약했던 인물,
그 사회적 파장과 허둥대는 각국 정부의 대응

# 머 리 말

그 봤다는 책을 번역해서 출간하면 어때?

햇살이 쏟아지는 큰 창가에 앉아 벌써 곡차 한 병씩 비운 시점에 KEB하나은행의 이 팀장님이 던진 말이었다. 창밖으로는 구 외환은행 본점 건물이 나름 포스를 뿜어내고 있었다. 핀테크는 유령과 같아서 그 실체를 알 수 없다는 둥, 은행이 왜 자기 밥그릇을 내 줘 비은행송금사업자를 먹여 살리느냐는 둥 이런 얘기를 하고 있었다. 그러다가 은행이 비트코인을 이용한 송금사업을 시작하였다는 말을 듣고 그만 흥분해 버리고 말았다. 그리고는 얼마 전 책에서 읽은 내용이라며 은행이 비트코인을 사용한다는 것이 얼마나 모순된 것인지 침 튀기며 설명하였다. 이 이야기를 듣고 그럴듯하였는지 아직 우리나라에 비트코인의 내막이 잘 알려져 있지 않으니 혼자만 알고 있지 말고 읽었다는 책을 번역해서 책으로 내면 어떻겠느냐는 것이었다. 이것이 계기가 되어 이 책을 번역하게 되었다.

그러나 번역을 결심한 데에는 몇 가지 이유가 더 있다. 이 책은 얇은 책임에도 불구하고 비트코인 전 분야에 대하여 광범위하게 기술하고 있다. 그 컴퓨터 프로그램의 기술적 특성은 물론 가상화폐의 이론적 배경이 된 화폐경제학이론, 신비에 싸인 창조주와 그 전후에 활약했던 인물들, 원리주의 자유지상주의자와 규제에 타협하려는 자, 온라인 불법거래와 벤처사업가와 투기꾼과 해커, 신조물을 접한 각국의 반응을 망라하고 있다. 특히 비트코인을 현행 규제체계 내에 어떻게 담아내야 할지에 대하여 허둥대는 각국의 모습을 생생하게 담아내고 있다. 텍사스 오스틴 로스쿨 3학년생이 썼다고 하기에는 믿기지 않는 책이다.

저자 니콜라스 웬커(Nicolas Wenker)는 이 책이 출간된 2014년 7월까지 인터넷에 게시되어 있는 모든 비트코인 관련 자료를 검색하여 책의 주요 소스로 활용하였고 관련부분에 주석으로 출처를 밝혀놓았다. 따라서 이 책의 재료는 거의 웹상에서 볼 수 있는 자료들이다. 독자 분들께서도 원본 자료를 찾아 읽어보는 것이 큰 즐거움이 될 것이라고 생각되어 번역서에서도 최대한 저자의 주석을 그대로 옮겨놓았다.

비트코인이 무엇인지 궁금하였는데 난해한 컴퓨터 용어에 질려 설명을 들으면 들을수록 미궁에 빠지는 것 같은 경험을 하신 분들께 이 책은 큰 도움이 될 것이다. 이 책은 비트코인의 기술적 특성에 대하여는 핵심 골자를 평이한 언어로 간단히 설명하는 데 그치고 그보다는 비트코인 탄생의 배경과 출현과 그 후의 진행 경과와 활약했던 인물들에 대하여 시간 순으로 정리해 놓고 있어 비트코인의 2014년 7월까지의 역사를 추적하며 조감할 수 있도록 구성되어 있다.

이 책은 특히 비트코인이 던진 법적 문제 및 규제정책적 문제에 대하여 깊이 들어가고 있다. 저자가 법률가이므로 가능했을 것으로 생각된다. 비트코인에 대하여 이미 익숙하다고 자부하는 분들도 자금세탁방지법, 증권법, 세법, 상법, 선물거래법, 정치자금법 등의 이슈에 대하여는 전문적인 깊이를 느끼기에 부족함이 없을 것이다.

이 책의 번역을 마치고 4개월이 지난 2017년 11월에야 저자 니콜라스 웬커와 연락이 닿아 번역본의 출판허가를 얻을 수 있었다. 그동안 우리나라에서는 비트코인 가격이 천정부지로 올랐고, 비트코인 외에도 이더리움 등 다양한 가상화폐가 출현하였고, 가상화폐 거래소는 벌써 거래규모 세계1위 운운 하고 있다. 이러한 현상을 어떻게 바라봐야 하는지 이 책에서 길을 찾을 수 있을 것이다.

지금부터 이 짧고 강한 책을 소개하고자 한다.

# 차 례

머리말 · V

## I  규제가 없는 신천지 · 1

## II  비트코인이란 무엇인가 · 5

디지털화폐의 초기 토대 · 5
신비에 가려진 비트코인의 창립자 · 9
비트코인을 탄생시킨 나카모토의 아이디어 · 12
검증합의, 채굴능력, 하드웨어 · 17
비트코인의 양날의 검: 51%의 공격 · 22

## III  비트코인 경제학을 둘러싼 논란 · 26

비트코인의 경제적 영향 · 26
디플레이션 논쟁 · 29
가격상승과 투기 및 가치저장수단으로서의 비트코인 · 35

## Ⅳ  비트코인에 대한 공중의 반응 · 44

비트코인의 매력 · 44
비트코인에 대한 현실세계의 위협 · 52
기관투자가들의 반응 · 56

## Ⅴ  비트코인에 대한 규제 움직임 · 61

분열하는 지지층 및 규제논의 · 61
암호화폐, 법 집행, 국가안보 · 65
비트코인은 증권으로 규제되어야 하는가 · 79
비트코인은 통화인가 아니면 자산인가 · 88
비트코인 로비스트 · 115

## Ⅵ  결론: 비트코인 규제에 대한 전망 · 120

번역 후기 · 130

# I

# 규제가 없는 신천지

> 나는 내가 비트코인을 이해하고 있는지 잘 모르겠다. 나에게 이것은 완전히 초현실적인 것으로 보인다. 누가 만들었는지, 마운트 곡스(Mt. Gox)에서는 무슨 일이 벌어지고 있는지 등 너무나 알 수 없는 부분이 많다. 나는 단지 규제당국이 여기에 더 많은 관심을 가져주기를 바랄 뿐이다.[1]
> - Morgan Stanley CEO James Gorman, 2014

2009년 1월에 오직 나카모토 사토시(Satoshi Nakamoto)란 이름만 알려진 신비의 인물이 조용히 비트코인의 첫 번째 버전을 세상에 내놓았다. 그가 이 컴퓨터 프로그램이 언젠가 첫 번째로 살아남는 비-국가통화(non-national currency)가 될 것이라는 희망을 가졌음은 분명하다. 비트코인의 창조와 성장이야말로 21세기 초반에 벌어진 가장 매혹적이고 영향력 있는 사건 중 하나이다. 이 비트코인 이야기의 많은 부분은 마치 현실이 아니라 영화 속의 이야기 같다. 그 자신의 통화를 창조한 후 수년이 지난 현재까지도 여전히 정체가 드러나지 않은 수수께끼 천재, 그 근본원리에 있어서의 단순함과 구현기술에 있어서 복잡함이 모두 숨을 멎게 하는 컴퓨터 프로그램, 점점 성장하

---

[1] William Alden, *Morgan Stanley Chief Calls Bitcoin 'Surreal'*, N.Y. TIMES (Mar 10, 2014), available at http://nyti.ms/1glrRj3

고 있는 마약과 청부살인 거래 인터넷 암시장, 디지털판 네덜란드 튤립(Dutch Tulip) 버블²로 불릴 만한 통제되지 않은 비트코인 투기열풍, 자금세탁과 어린이 포르노 추문에 관련된 비트코인 산업의 로비스트들, 스스로를 사이버 자유지상주의자(cyber-libertarians) 또는 무정부주의 자본주의자(anarcho-capitalists)로 칭하는 사람들 그리고 실리콘 밸리의 은밀한 벤처 회사들이 등장하기 때문이다.

그러나 이러한 흥미로운 이야기들 뒤에는 심각한 법적인 문제가 있다. 미국의 법률가, 규제당국, 법원 및 공무원들은 현행 금융규제를 이 새롭게 탄생한 '유사-익명-암호(pseudo-anonymous-crypto)화폐'에 어떻게 적용할 것인지에 대한 쉽지 않은 과제를 가지고 씨름하고 있다. 비트코인이라는 것은 본질적으로 어떠한 국가 기관이나 또는 그 통화정책에 지배당하지 않고 독립적으로 운영되는 탈 중앙집중적, 국경 없는 통화를 목표로 하고 있다. 그럼에도 불구하고 규제당국이 원을 네모로 만들기 위하여³ 종종 상충하는 답변이 나오는 어려운 질문들과 싸우고 있다. 비트코인은 통화(currency)인가 자산(asset)인가? 비트코인이 증권(security)으로 규제되어야 하는 것은 아닌가? 미국은 비트코인 산업을 부흥시키기 위하여 그 사용을 장려하여야 하는가 아니면 현행법의 집행과 국가안보를 위하여 금지시켜야 하는가? 미국의 규제당국이 비트코인을 통제하는 것이 도대체 가능하기나 한 것인가? 비트코인 거래소는 어떻게 규제되어야 하는가? 비트코인의 천문학적 성장은 '오로지 교환매개수단으로서의 편리성

---

2 [역자주] 17세기 네덜란드에서 발생한 튤립에 대한 과열투기현상으로, 역사상 최초의 자본주의적 투기라 전해진다.

3 [역자주] 당초 정부의 통제 밖에서 운영되는 것을 목표로 만들어진 비트코인을 정부의 규제체계에 끼워 맞추는 것이 쉽지 않은 일일 것임은 짐작할 수 있다. square a circle은 '불가능한 일을 하기 위하여'란 뜻의 숙어이다.

만 있어도 통화로서의 가치가 있다'는 것을 암시하는 것인가[4] 아니면 비트코인은 단지 투자자들에게 막대한 손실을 가져올 투기적 버블에 불과한 것인가? 이러한 질문들에 대한 답은 여전히 불명확한 채로 남아있다. 규제당국은 2014년 초에 이르러서야 비로소 비트코인 규제 지침을 만들기 위한 검토를 시작하였다. 그러나 기관투자자, 일반 소비자, 기업들이 속속 비트코인 시장에 뛰어들면서 하루라도 빨리 비트코인에 대한 규제당국의 태도가 정리되기를 촉구하는 바람은 높아지고 있다.

이 책의 목적은 독자들이 비트코인의 급속한 세계적인 보급이 가져온 기술적, 경제적, 공익적, 법률적 파문에 대하여 깊이 이해할 수 있도록 도와주는 것이다. 먼저 비트코인을 매우 독특한 것으로 만든 요소들에 대하여 이해하지 않고서는 왜 그리고 어떻게 규제의 딜레마가 생겼는지 이해하기란 불가능할 것이다. 이 책은 전부 4개의 주요부문으로 나뉘어져 있다. 제2장에서는 비트코인 형성기의 문화 그리고 그것을 세계 최초의 비-국가 디지털화폐가 될 수 있게 만든 기술적 진전에 대하여 다룬다. 제3장에서는 비트코인 기술 발전에 영감을 준 경제 이론들을 검토하고, 비트코인의 성장과정을 살펴본 후 비트코인이 가져온 경제적 영향에 대하여 고찰한다. 제4장에서는 비트코인에 대한 일반 소비자, 범죄자, 상인, 은행, 투자자 등과 같은 다양한 그룹들의 반응을 분석해 보기로 한다. 제5장에서는 비트코인의 확산이 가져온 가장 임박한 법률 문제를 분석하기로 한다. 결론에서는 비트코인 규제에 대한 상반된 견해를 소개하고 또한 규제당국과 비트코인 이용자들에게 모두 시험대가 될 만한 최근의 비트코인

---

[4] [역자주] 통화는 교환매개수단, 가치저장수단, 가치척도수단의 3가지 기능이 있다고 통상 설명되고 있다.

발전 상황에 대하여도 언급한다.[5]

---

[5] 이 책에서 쓰는 용어에 대하여 간단히 언급하겠다. 많은 경제학자, 저술가 등이 'currency'란 용어와 'money'란 용어를 특별히 구분하지 않고 혼용하여 사용하고 있으므로 나도 그렇게 하기로 하였다. 경제적인 또는 법적인 측면에서 비트코인이 'currency'인가 하는 논란이 있으므로 'currency'란 단어를 함부로 사용하는 것에는 논란이 있을 수 있다. 또한 많은 비트코인에 대한 저작물에서는 '암호화폐(crypto-currency),' '디지털화폐(digital currency)'를 포함한 여러 기술적 용어들을 사용하고 있다. 비트코인은 암호화폐가 맞고, 암호화폐는 모두 디지털화폐(또는 가상화폐)이므로 두 용어는 모두 비트코인에 적합한 용어이다. 그러나 나는 비트코인이 그 암호화로 인하여 유사-익명성의 특성을 가진다는 점을 논할 때를 제외하고는 '암호화폐'라는 용어보다 '디지털화폐'라는 용어를 사용하겠다.

## II

# 비트코인이란 무엇인가

> 인터넷에서의 상거래는 지금까지는 금융기관이 신뢰할 수 있는 제3자로서 전자적인 지급결제를 진행시켜 줄 것이라는 믿음에 절대적으로 의지하여 왔다. (중략) 필요한 것은 믿음이 아니라 암호화된 증거에 기반한 전자지급시스템이다. 이것이 두 거래당사자가 신뢰할 수 있는 제3자가 없어도 직접 거래를 할 수 있도록 만들어 줄 것이다.
> - Satoshi Nakamoto, 2009 [1]

### 디지털화폐의 초기 토대

비트코인의 출현은, 다소 논란이 있을 수 있지만, 1990년대 초반에 형성된 몇몇 인터넷 동호인 집단에서의 무정부주의 정치철학과 컴퓨터 기술의 발전이 결합하여 이루어진 것으로 볼 수 있다. 1992년에 중요한 사건이 하나 발생하였는데, 티모시 메이(Timothy May)라는 인텔(Intel)에서 은퇴한 물리학자가 친구들을 캘리포니아 산타크루즈 근처에 있는 자신의 집에 초대하여 인터넷 발전의 관점에서 프라이버시 이슈에 대하여 토론하였다.[2] 메이와 그의 친구들은 각국 정

---

[1] SATOSHI NAKAMOTO, BITCOIN: A PEER-TO-PEER ELECTRONIC CASH SYSTEM 1 (2008), available at https://bitcoin.org/bitcoin.pdf
[2] Morgan E. Peck, Bitcoin: *The Cryptoanarchists' Answer to Cash*, IEEE SPECTRUM (May 30, 2012), available at

부가 디지털 메시지와 정보를 숨기는 데 효율적인 암호화 수단이나 암호화 규약들을 사용하는 것을 제한하려는 움직임에 대하여 비난하였다. 이들은 각국 정부의 이러한 움직임이 결국은 정부의 통제력을 약화시킬 것이라고 생각하였다. 메이는 다음과 같이 주장하였다. 인쇄기술의 발전이 중세 길드와 사회지배구조를 변화시키고 약화시켰듯이 암호화 기술이 경제 영역에 있어서의 기업과 정부의 역할을 근본적으로 변화시킬 것이다. 메이의 집에 모인 사람들은 스스로를 cypherpunks(암호로 정보를 보내는 사람)로 칭하면서, 프라이버시를 원하는 사람이라면 정부나 기업이 시혜적 차원에서 베푸는 프라이버시 보호 정책에 의존하지 말고 스스로가 프라이버시를 구축해야 한다고 믿었다.

이 같은 정부에 대한 불신은 결국 무정부주의 철학으로 이어져 암호화 기술에 관심이 있는 컴퓨터 동호인 그룹 중 몇몇은 암호화 무정부주의자(crypto-anarchists)로 알려지기 시작하였다. 예를 들어 1995년에서 1996년 초 사이에 한때 인텔에서 엔지니어로 일했던 짐 벨(Jim Bell)은 암살정치(Assassination Politics)라는 짧은 에세이를 써서 익명의 디지털 코인과 디지털 서명을 사용하여 인터넷을 통하여 암살자금을 모아 다루기 힘든 정치인을 제거하는 데 사용하자는 제안을 하였다. 당시에는 황당한 이야기로 들렸지만 벨의 아이디어는 16년 후에 암호화 무정부주의자들이 그 아이디어를 비트코인에 기반한 암살시장 설립으로 구현하였을 때 현실이 되었다.[3]

---

http://spectrum.ieee.org/computing/software/bitcoin-the-cryptoanarchists-answer-to-cash

3 Andry Greenberg, *Meet The 'Assassination Market' Creator Who's Crowdfunding Murder With Bitcoins*, FORBES (Nov. 18, 2013), available at

이 암호화 무정부주의자들 중 다른 일파는 보다 유순한 프로젝트에 관심이 있었다. 1998년에 이제 막 시애틀에 소재한 워싱턴 대학 컴퓨터공학과를 졸업한 웨이 다이(Wei Dai)는 비-정부 디지털화폐에 관한 개인적인 실험을 하고 있었다. 그는 이것을 b-money라고 불렀다. 이것은 정부의 권력에 의하여 통제되지 않고 세금도 부과되지 않는 완전히 자발적인 온라인 경제체제를 만들려는 다이의 열망이 만들어 낸 것이었다. 이때쯤 닉 서보(Nick Szabo)라는 이름의 다른 컴퓨터 과학자가 bit-gold라는 아이디어를 발전시키기 시작하였는데, 이것이 오늘날 비트코인의 전신으로 일반적으로 받아들여지고 있다.[4]

서보는 디지털화폐의 프라이버시 보호 측면에 대하여는 별로 관심이 없었다. 대신 그는 컴퓨터 처리 작업을 현실세계에 있어서는 일, 즉 사람들이 뭔가 가치 있는 것을 얻기 위하여 시간과 노력을 투입하는 것에 비유하고자 하였다. 금의 가치가 그것을 채굴하기 위하여 들이는 사람들의 노동력에 일정부분 기인하듯이 어려운 암호 방정식을 풀어서 얻은 디지털 코인은 수수께끼 문제를 풀기 위하여 들인 컴퓨터의 힘에서 그 가치가 유래한다고 본 것이다. bit gold를 채굴하고 사용하는 사람들로 구성된 네트워크상에서 해결된 방정식은 나머지 구성원 모두에게 보내지고 그 구성원들에 의하여 정답으로 확인되면

---

http://www.forbes.com/sites/andygreenberg/2013/11/18/meet−the−assassination−market−creator−whos−crowdfunding−murder−with−bitcoins/

[4] Nick Szabo, *Liar−resistant government*, UNENUMERATED (May 7, 2009, 4:13 PM), available at
http://unenumerated.blogspot.com/2009/05/liar−resistant−government.html;
Nick Szabo, *Tech roundup* 01/22/11, UNENUMERATED (January 22, 2011, 1:54 PM), available at
http://unenumerated.blogspot.com/2011/01/tech−roundup−012211.html

대다수 구성원들의 합치된 의견에 따라 그 해결된 방정식에 점수가 부과되는 것이다. 그리고 그 해법은 새로운 방정식의 한 구성요소가 된다. 이런 방식으로 새로운 코인이 생산되었음을 검증하고 생산된 일자와 시각을 확인하는 방식으로 새로운 코인이 기존의 코인에 연계되어 만들어지는 것이다.

그러나 이와 같은 bit-gold를 지탱하는 아이디어의 혁신성에도 불구하고 서보는 어떠한 디지털화폐도 피해갈 수 없는 핵심 문제에 대한 해법을 찾을 수 없었다. 그것은 바로 소위 중복 사용의 문제(double-spending problem)였다. 어떠한 디지털화폐도 본질적으로는 컴퓨터 코드에 불과한 것이므로 이 코드를 복사와 붙이기(copy and paste)에 의하여 재생산하는 것은 쉬운 일이었다. 이는 필연적으로 동일한 코인을 한 번 이상 사용하여, 그리하여 전체 디지털화폐 시스템을 먹통으로 만들어버리는 이용자를 낳게 마련이다. 전자화폐 시스템에서는 이 문제를 은행과 같은 중앙 통제소에 감시와 통제권을 부여함으로써 극복하고 있다. 그러나 서보와 같은 초창기 개척자들에게 중앙통제소 같은 해법은 받아들일 수 없는 것이었다. 왜냐하면 그것은 디지털화폐 산업의 목적 자체를 파괴하는 것과 다름 아니었기 때문이다. 서보는 금에 대한 일반의 신뢰와 안전자산으로서의 특성을 최대한 모방하여 사이버 공간에서 이를 구현하려고 노력하였고 금의 중요한 특징 중의 하나는 중앙통제소에 의존하지 않는다는 것이었으므로 어떠한 형태든지 뭔가 중앙통제소와 연계하여 bit-gold 산업을 발전시키려는 아이디어는 처음부터 거부하였다.

서보의 bit-gold 아이디어는 대략 2005년까지 계속 진행되었지만 거의 진전이 없었다. 이는 b-money와 bit-gold 모두 중복 사용 문제를 해결하지 못하고 이에 따라 폭넓은 지지를 받지 못하였기 때문이었다. 2011년에 서보는 비트코인의 출현이 왜 이렇게 늦어지게 되었는지를 이해하기 위하여는 신뢰와 돈의 특성이라는 두 가지 매우 어렵고 항상 오해되고 있는 주제에 대한 정확한 이해가 필요하다고 하였다.[5] 암호 전문가가 동시에 금본위제 같은 것을 지지하는 자유지상주의자인 경우는 드물었다. 대부분의 암호 전문가들은 학계에서 생계를 유지하였고 그들의 정치적인 견해는 자유지상주의자와는 거리가 있었다. 이 분야의 발전이 늦은 것은 현실의 문제를 해결하는 데 필요한 전문가적 역량 및 이 사업을 추진할 동력이 되는 정치적 믿음, 둘 다를 가진 사람이 소수라는 데 일정부분 그 원인을 돌릴 수 있다. 2009년에 이르러 정확히 이 역할에 맞는 배우가 등장하게 되었는데, 나카모토 사토시(Satoshi Nakamoto)라는 이름을 가진 수수께끼의 인물이 새로운 아이디어를 실현시킬 기술과 비전을 가지고 디지털화폐 공동체에 갑자기 나타났다.

### 신비에 가려진 비트코인의 창립자

고도로 익명성이 보장되는 국제 암호화폐의 위상에 걸맞게 비트코인의 창립자는 비밀에 가려져 있다.[6] 나카모토 사토시의 정체에 대하여 많은 설들이 제기되었는데 그중에는 나카모토 사토시라는 이름은

---

[5] Nick Szabo, *Bitcoin, what took ye so long?*, UNENUMERATED (May 28, 2011, 4:35 PM0, available at
http://unenumerated.blogspot.com/2011/05/bitcoin-what-took-ye-so-long.html
[6] Hiroko Tabuchi, *Will the Real Satoshi Nakamoto Please Stand Up?*, N.Y. TIMES (Mar 11, 2014), available at
http://dealbook.nytimes.com/2014/03/11/will-the-real-satoshi-nakamoto-please-stand-up/

cypherpunks(암호로 정보를 보내는 사람) 중 어느 한 사람의 익명성을 보호하기 위하여 채택된 이름이라는 설, 일군의 사람들에 의하여 사용되는 필명이라는 설, 국가안보국(National Security Agency) 또는 다른 고도로 복잡한 정부기관의 위장 이름이라는 설, 이 창립자는 비트코인 출시 후에 곧 살해되었으므로 그 정체가 앞으로도 밝혀질 수 없을 것이라는 설[7] 등이 있다. 뉴스위크(*Newsweek*)지는 비트코인 창립자를 추적하여 나카모토 사토시의 신원을 캘리포니아주 템플시티에 거주하는 도리안 프렌티스 사토시 나카모토(Dorian Prentice Satoshi Nakamoto)라는 64세의 일본계 미국인으로 보도함으로써 2014년 3월에 큰 반향을 불러일으켰다.[8] 비록 도리안 나카모토가 나중에 변호사를 통하여 그는 비트코인과 관련이 없으며 디지털화폐에 대하여 어떠한 전문성도 없다며 부인하였지만, 뉴스위크지의 기자인 레아 굿맨(Leah McGrath Goodman)은 약간 괴짜이면서 군사기밀을 다룬 경험이 있는 반정부주의 성향 수학자로서의 도리안 나카모토의 이력이 수억 달러 가치의 비트코인을 보유하고 있는 암호화폐 창립자의 이미지와 딱 들어맞는다는 주장을 굽히지 않았다. 이 기사가 나온 지 며칠 후에 진짜 나카모토 사토시는 "나는 도리안 나카모토가 아니다"는 글을 디지털화폐의 개발 초기부터 비트코인 창립자가 사용해 온

---

[7] 이 설은 비트코인 초창기에 어떤 개인에 의하여 대량의 코인이 생산되었고 지금까지 한번도 사용된 적이 없이 남아있다는 데에 근거를 두고 있다. Sergio Demian Lerner, *The Well Deserved Fortune of Satoshi Nakamoto, Bitcoin creator, Visionary and Genius*, BITSLOG (April 17, 2013, 6:32 AM), available at
http://bitslon.wordpress.com/2013/04/17/the−well−deserved−fortune−of−satoshi−nakamoto/

[8] Leah McGrath Goodman, *The Face Behind Bitcoin*, NEWSWEEK (Mar 6, 2014), available at
http://www.newsweek.com/2014/03/14/face−behind−bitcoin−247957.html

인터넷 메시지 계정을 통하여 올렸다.[9]

 나카모토 사토시가 디지털화폐 개발자들의 온라인 모임에 처음 모습을 드러낸 것은 2008년 말에 그의 이름으로 출간된 짧은 글을 2009년 초에 온라인으로 배포하면서부터이다. 나카모토는 2009년 1월 3일 비트코인 프로그램의 첫 번째 버전을 배포하였는데 그 시점에 이미 나카모토와 다른 프로그래머들은 그들의 컴퓨터로 비트코인을 채굴하기 시작하였다.[10] 2009년 중에 나카모토는 비트코인의 핵심코드를 개발하고 개선하는 데 도움을 주는 많은 헌신적인 지원자들과 협업하기 위하여 비트코인 채팅방에서 추적이 불가능한 이메일 주소를 사용하여 메시지를 주고 받았다. 이 헌신적인 지원자 중에 한 명이 호주 국적으로 매사추세츠 주에 거주하면서 프린스턴 대학교를 졸업한 개빈 안드레센(Gavin Andresen)이었다. 그는 2010년 6월에서 2011년 4월까지 비트코인을 개발하기 위하여 나카모토와 긴밀히 협업하였다. 안드레센이 나카모토를 도와 프로그래밍 팀을 이끌고 있었지만, 나카모토는 안드레센의 정체에 대하여 여전히 모호한 태도를 취하였고, 단지 그가 공식적인 출시에 앞서 수년 동안 비트코인 개발에 매달렸다고만 언급하였다.

 그러다가 나카모토는 개빈 안드레센을 비트코인 공동체의 지도자이자 소프트웨어 핵심 코드의 수호자로 임명하고, 그 시점에 그 자신

---

[9] Chris O'Brien, *For Dorian Nakamoto, Bitcoin article brings denials*, L.A.TIMES (Mar 7, 2014), available at
http://www.latimes.com/business/la-fi-bitcoin-satoshi-20140308-story.html

[10] Joshua Davis, T*he Crypto-Currency: Bitcoin and its mysterious creator*, NEW YORKER (Oct 10, 2011), available at
http://www.newyorker.com/reporting/2011/10/10/111010fa_fact_davis

은 비트코인 프로젝트에서 자취를 감추었다.[11] 2011년 초에 이르러 나카모토는 더 이상 비트코인 코드를 변경하여 올리는 것을 하지 않고 비트코인 채팅방에서도 탈퇴하였다. 나카모토의 개빈과의 대화는 2011년 4월 26일 갑자기 중단되었는데, 이 날은 개빈이 나카모토에게 메시지를 보내 그가 미국중앙정보부(Central Intelligence Agency; CIA) 본부에 출석하여 비트코인과 관련된 CIA의 조사에 응하기로 결정하였다고 통보한 날이었다. 정확히 이 시점에 디지털화폐의 창시자는 마치 그가 처음에 등장했을 때와 마찬가지로 갑작스럽고 신비롭게 사라졌다. 개빈은 현재에도 비트코인 재단(Bitcoin Foundation)의 이사회 멤버로서, 그리고 수석 과학자로서 활동하고 있다. 비트코인 재단에 대하여는 제5장에서 자세하게 다룰 것이다.

### 비트코인을 탄생시킨 나카모토의 아이디어

최근 들어 비트코인의 가격과 유명세가 올라가면서 일반인들의 관심이 높아져 늦은 밤 TV 코미디 프로그램에서 아무리 설명을 들어도 이해할 수 없는 디지털화폐의 작동 원리가 우스갯거리의 소재가 되고 있다.[12] 일반인부터 금융 전문가에 이르기까지 많은 사람들이 컴퓨터상에서 생성된 이 가짜 화폐가 어떻게 진짜 세상에서 통화로서 구매력을 가질 수 있는가에 대하여 의문을 가지고 있다. 2014년 3월

---

11 Bianca Bosker, *Gavin Andresen, Bitcoin Architect: Meet The Man Bringing You Bitcoin* (And Getting Paid In It), HUFFINGTON POST (April 17, 2013), available at
http://www.huffingtonpost.com/2013/04/16/gavin-andresen-bitcoin_n_3093316.html

12 Dylan Love, *Watch A Guy Try To Explain Bitcoin To Canon O'Brien*, BUS. INSIDER (Mar 11, 2014), available at
http://www.businessinsider.com/conan-obrien-bitcoin-explanation-2014-3

더 이코노미스트(*The Economist*)지 기사에 따르면 비트코인과 관련하여 재미있는 사실은 그 기본원리가 너무 어려워 비트코인을 주제로 한 모든 글들은 이해할 수 없는 기술적 부분에 대한 설명으로 시작하여야만 한다는 것이다라고 되어 있다.[13] 비트코인 코드를 상세하게 이해하는 것은 고도의 컴퓨터 지식과 암호화 지식을 가진 사람에게만 가능한 일이다. 하지만 디지털화폐 역시 많은 기초가 되는 개념 및 아이디어에 기초하여 작동되고 있으므로 비트코인 작동원리의 기본에 대하여 설명을 하는 것이 나카모토 아이디어의 혁신성과 비트코인이 디지털화폐로서 빠르게 성장한 이유를 이해하는 데 꼭 필요할 것이라고 생각한다.

우선 비트코인 프로그램은 매우 풀기 어려운 수학문제를 만들어 낸다. 이 퀴즈는 혼자 활동하는 개인 이용자 또는 집단을 이루어 움직이는 단체 이용자 모두에게 주어진다. 이들과 같이 자신의 컴퓨터 또는 다른 서버 또는 특별한 기기에 문제풀기 소프트웨어를 작동시켜서 퀴즈를 풀려고 시도하는 모든 사람을 채굴자(miner)라 부른다. 비트코인 프로그램은 인터넷을 이용하여 모든 채굴 컴퓨터를 연결시켜 하나의 커다란 동류집단 네트워크(peer to peer network)를 형성한다.[14] 이는 말하자면 모든 컴퓨터가 중앙통제소에 해당하는 서버 없이 시스템상에서 연결되어 있는 것이다. 서보의 bit gold 개념과 유사하게 주어진 퀴즈를 첫 번째로 푼 자는 비트코인 프로그램이 제공해 주는 비트코인을 받게 된다. 문제풀기 경쟁에서 밀린 자는 비트코

---

[13] *Bitcoin: New Money*, ECONOMIST (Mar 17, 2014) available at http://www.economist.com/freeexchange/2014/03/Bitcoin
[14] [역자주] peer to peer(P2P)란 인터넷에서 서버의 도움 없이 개인과 개인이 직접 연결되어 파일을 공유하는 방식을 말한다.

인을 받지 못하고 다시 새로운 라운드가 시작된다. 이를 광물 채굴에 비유를 하자면 모든 채굴자에게 매 라운드마다 새로운 광맥이 주어지고, 오직 첫 번째로 금을 캐낸 자만이 그가 들인 노력과 시간에 대하여 보상을 받는다. 따라서 혼자 채굴하기보다는 집단을 이루어 채굴하려는 강한 유인이 있게 된다. 이들은 상호 컴퓨터의 힘을 공유함으로써 문제를 못 풀 위험을 줄이고자 한다. 서보의 bit gold와 마찬가지로 성공적으로 금을 채굴하였는지의 여부는 모든 나머지 채굴자 과반수 이상의 확인을 받아 결정된다.

그러나 나카모토의 비트코인은 서보의 아이디어를 실현 불가능하게 만들었던 중복사용 문제를 해결함으로써 bit-gold와는 근본적으로 다른 혁신과 개선을 가져왔다. 가장 단순화시켜서 설명을 하자면 비트코인 시스템은 채굴과정을 새로운 비트코인을 생성하는 데 사용하는 데에서 그치지 않고 이를 지금까지 발생한 모든 비트코인 거래를 검증하는 데 사용한다. 이렇게 하는 경우 비트코인 거래의 유효성 여부를 심사하기 위한 어떤 외부의 기관이나 감시자가 불필요하게 되어 비로소 비트코인은 중앙통제기관으로부터 자유롭게 운용될 수 있는 것이다.

비트코인의 생산 메커니즘과 거래검증 메커니즘의 조합은 소위 블록(blocks)으로 알려진 것으로 압축되어 생성된다. A가 B에게 비트코인 X를 지급하였을 때, 아직 이 거래는 검증되지 않은 채 다른 비검증 거래와 함께 묶여서 블록이라는 파일에 저장된다. 비트코인 시스템 내에 들어온 모든 블록은 블록체인(blockchain)이라는 길고 연속적인 기록의 한 부분을 구성하게 된다. 이 블록체인은 2009년 1월에 나카모토에 의하여 채굴된 최상위 '원조블록(Genesis Block)'을 정점으로 하여 검증된 블록만이 순서대로 연결되어 있다. 이 블록들은 모든 성공적인 비트코인 거래의 당사자와 거래시각에 대한 정보를 포함하고 있으므로 말하자면 방대하고, 끝이 없는 거래장부의 기능을 수행하고 있다. 그러나 이 장부는 A와 B의 실명정보를 요구하지도 보유하지도 않으므로 A와 B는 암호화된 주소 뒤에 숨고 비트코인 거래와 보유는 암호화된 주소의 이름으로 수행된다. 이와 같이 비트코인 계정이름만으로는 다른 추가적인 정보가 없다면 그 실질명의를 알 수 없기 때문에 비트코인은 때때로 '유사-익명-암호 화폐'로 불리는 것이다.[15]

앞서 광물 채굴에의 비유에 빗대어 설명을 해 보면, 광부들이 매 라운드 광맥을 제공받을 때 향후 블록체인에 추가될 수 있는 잠재력이 있는 블록을 함께 받는 것이다. 모든 잠재 블록은 검증되기를 기다리는 비트코인 거래 한 뭉치와 암호화된 해시 함수로부터 생성된 비밀 숫자가 포함되어 있다. 이 숫자가 이 블록에 고유한 해시(hash)이다. 이 해시 값은 취소되거나 예측될 수 없다. 또한 모든 블록에는 논스(nonce)라고 불리는 숫자가 있는데, 이는 채굴과정에서 계속 변경되는 것으로 블록의 한 부분을 구성한다.

채굴자들이 그들에게 주어진 블록을 검증하여 그 노력의 대가로 비트코인을 얻기 위하여는 해시 값보다 낮은 논스 값을 얻어야 하고 그렇게 함으로써 퀴즈를 풀고 작업증명(proof of work)을 하는 것이다. 다른 말로 표현하면 채굴이란 채굴자가 가능한 최대한의 컴퓨터 처리역량을 집중하여 남들보다 빨리 해시 값보다 낮은 논스 값에 도

---

[15] Danny Bradbury, *How anonymous is Bitcoin?*, COINDESK (June 7, 2013), available at http://www.coindesk.com/how-anonymous-is-bitcoin

달함으로써 금을 차지하게 되는 것이다. 해시 값보다 낮은 논스 값을 가진 첫 번째 블록은 시스템 내 모든 나머지 채굴자들에게 전송되고 비트코인 프로그램에 의하여 작업결과를 검증받게 된다.

일단 이렇게 되면 모든 검증된 블록들은 블록체인에 추가되고 이 성공적인 채굴자에게는 상으로 비트코인이 부여된다. 그 외의 모든 사람들은 그들의 노력에 대하여 어떠한 보상도 받지 못한 채 새로운 라운드를 위하여 새로운 블록을 부여받게 된다. 새로운 블록은 그 블록에 포함된 내용이 이미 그 전의 블록에 기록된 것일 때에만 검증된 것으로서 체인에 추가될 수 있다. A가 B로부터 뭔가를 구매하고 비트코인 X를 지급하였다고 가정해 보자. 이론적으로 본다면 A는 빨리 가서 새로운 당사자 C에게 이미 사용한 X를 또다시 사용할 수 있다. 그러나 B와 C는 A에게 물품이나 서비스를 제공하기 전에 이 거래의 검증과정을 기다릴 것이다. 기다린 결과 B와의 거래가 검증되어 블록체인 장부에 기록된 후에는, 동일한 X 코인을 사용한 C와의 거래는 블록체인 장부에 기록될 수 없다. C와의 거래는 검증되지 않았으므로 C는 물건이나 서비스를 제공하지 않을 것이고 이렇게 하여 A가 동일한 비트코인을 한 번 이상 사용할 수 없는 시스템이 구축되는 것이다.

이론적으로 C가 거래의 검증절차를 기다리지 않고 A에게 물품이나 서비스를 제공할 수 있다. 그러나 보통의 경우 C는 A와의 X 코인 거래가 만약 A가 X 코인을 중복 사용한 경우에는 블록체인 장부에 기록되지 않을 수 있다는 것을 알기 때문에 그렇게 하지 않을 것이다. 설사 C가 거래 검증절차가 종료되기를 기다리지 않고 물품 또는 서비스를 제공한다고 하더라도 비트코인 작동 시스템은 영향을 받지 않는다. 시스템은 여전히 X 코인은 A와 B 사이에서 사용된 것으로 인식할 뿐이고 항상 한 명의 적법한 권리자만 인식하게 된다. C는 대가 없이 물품이나 서비스를 제공한 것이 되고 손실을 보게 된다. 그러므로 모든 비트코인 거래는 중복사용 문제를 극복하기 위한 메커니즘에 기초하여 있다.

### 검증합의, 채굴능력, 하드웨어

초기 디지털화폐에 대한 시도를 번번히 좌절시켰던 중복사용 문제를 해결한 비트코인의 해법은 그 자체로 훌륭한 것이었지만 더 크고 더 원대한 혁신을 내포하고 있었다. 크게 보면 나카모토의 블록체인 시스템은 이전에는 불가능했던 탈중앙집중화를 이론적으로, 실무적으로 가능하게 만든 중대한 발견이었다.[16] 비트코인은 소위 비잔티움 장군의 문제(Byzantine Generals' Problem)를 해결하였는데, 이는 분산된 시스템하에서 합의에 이르기 어려운, 해결할 수 없는 딜레마를 표현한 것이다.[17] 이 문제는 다음과 같이 비유에 의하여 설명되곤 한다.

N 집단의 장군들은 그가 공격하려는 도시의 외곽에 군대를 배치해 놓고 때를 기다리고 있다. 장군들은 그 들의 군사 수가 충분하여 이 중 반절만이라도 동시에 공격한다면 충분히 승산이 있으나 만약 동시에 협업하

---

[16] Paul Bohm, *Bitcoin's Value is Decentralization*, PAUL BOHM'S BLOG (Jnue 17, 2011), available at
http://paulbohm.com/articles/bitcoins−value−is−decentralization
[17] 블록체인 메커니즘을 비통화 부문에 응용하는 것과 관련하여서 다음 문건 참조. Sean G. King, *Here Are My Official Comments on the New York Department of Financial Services' Proposed Bitcoin and Virtual Currency Regulations*, WEFIVEKINGS (July 26, 2014, 12:42 PM), available at
http://wefivekingsblog.blogspot.ch/2014/07/here−are−my−official−comments−on−new.html

여 공격하는 데 실패한다면 병력이 분산되어 패할 것이라는 사실을 잘 알고 있다. 그들은 모두 다른 장군들이 적과 내통하여 가짜 메시지를 보낼 가능성을 우려하고 있다. 그들은 오직 메신저를 통하여 교신하고 있으므로 다른 장군들의 진심을 확인할 방법이 없다. 이런 상황에서 다른 장군들에 대한 신뢰나 또는 중앙통제 지휘소 없이 어떻게 공격시각에 대하여 합의를 이룰 수 있겠는가?

비트코인은 이 문제를 수학적 작업증명을 이용함으로써 해결하였다. 어떤 채굴자가 퀴즈를 풀더라도 이 시스템에 참여한 과반수 이상의 채굴자에 의하여 합법적 채굴이라는 승인을 받은 것으로 확인된 후에야 블록체인에 편입되게 함으로써 이 문제를 해결하였다.

블록체인 시스템을 비잔티움 장군의 딜레마에 비유하여 설명하면 다음과 같다. 모든 장군들에게 푸는 데 대략 10분 정도 소요되는 수학문제가 주어진다. 누군가가 먼저 해법을 찾으면 그 해법은 모든 다른 장군들에게 즉시 통보된다. 그러면 종전 체인의 연장선상에 있는 다른 문제가 제시되고 모든 장군들은 다시 새로운 문제를 풀기 위하여 매달린다. 모든 장군들은 가능한 긴 체인을 만들기 위하여 노력한다. 그 결과 일정 시간 내에 일정한 길이의 체인이 형성되면 그 작업에 참여한 모든 장군들은 과반수의 합의가 있다고 믿게 된다. 이렇게 믿는 근거는 최소한 과반수 이상의 장군들이 참여하지 않았다면 일정 정도 길이의 체인이 만들어질 수 없기 때문이다.

이와 같이 비트코인은 과반수의 이용자들에게 필요한 일을 수행토록 함으로써, 즉 문제를 풀기 위해 컴퓨터를 사용하고 전기를 소모하는 일을 하게 함으로써 채굴의 유효성을 보증하는 것이다. 다른 말로 표현하면 컴퓨터 힘의 희소성이 탈중앙통제 시스템하에서 채굴의 유효성 여부에 대한 투표권을 행사하는 기능을 하는 것이다. 가장 긴 해법 체인은 채굴을 유효화시키는 증거일 뿐 아니라 그것이 컴퓨터 중앙처리장치(Central Processing Unit; CPU) 역량이 가장 큰 이용자 그룹에서 나왔다는 증거이다. CPU 역량의 과반수가 선량한 이용자에 의하여 사용되고 있는 한 그들이 가장 긴 체인을 형성할 것이고 그렇게 하여 외부의 공격자들을 앞지를 것이다.[18] 만약 해커들이 비트코인 시스템을 속이고 가짜 거래를 담은 블록을 체인에 연결시킴으로써(또는 진짜 거래 블록을 체인에 연결시키지 않음으로써) 가짜 거래를 승인하려고 한다면 해커들은 이 시스템에 참여하는 모든 정직한 이용자들보다 더 많은 컴퓨터 역량을 지배함으로써 투표를 조작해야 할 것이다. 디지털화폐로서 비트코인은 채굴에 인센티브를 줌으로써 해커들로부터 자신을 보호하고 있다. 비트코인의 가격이 오르고 이에 따라 해커들이 기승을 부릴 유인이 더 커지는 경우에도 마찬가지 이유로 정직한 이용자들이 채굴작업에 더 많이 컴퓨터를 사용할 유인이 커지므로 부정적인 인센티브는 상쇄될 것이다. 결국 컴퓨터 채굴작업은 쓸모없고 자원을 낭비하는 짓이 아니라 시스템에 대한 공격을 막는 매우 유효한 방법인 것이다.

비트코인 프로그램과 비트코인을 생산해내는 원재료로서 현실 세계에서 전기를 소모하며 작동되는 컴퓨터 장치는 밀접하게 관련되어 있다. 비트코인은 대략 매 10분마다 일정한 양의 새 코인을 발행함으로써 종국적으로 2,100만 코인에 달할 때까지 시장에 안정적인 유동성을 공급하는 원칙으로 설계되어 있다.[19] 블록당 생산되는 새로운

[18] SATOSHI NAKAMOTO, BITCOIN: A PEER-TO-PEER ELECTRONIC CASH SYSTEM 1 (2008), available at https://bitcoin.org/bitcoin.pdf
[19] Alec Liu, *A Guide to Bitcoin Minting: Why Someone Bought a $1,500 Bitcoin*

코인의 양은 매 4년마다 그 절반으로 조정된다. 2009년에는 블록당 50 코인이 제공되었는데 2013년부터는 25코인이 주어진다. 비트코인의 시장가격이 오르고 새로운 채굴자들이 시스템에 들어오면서 채굴 비율을 안정적으로 가져가기 위하여 프로그램은 난이도 조정법을 사용한다. 모든 사람들이 문제를 풀었을 때 2주 동안에 2,016개의 블록이 채굴되는 수준에서 난이도를 맞춘다. 더 많은 채굴자들이 시스템에 들어오고 채굴속도가 빨라질수록 문제의 난이도는 점점 높아져 블록이 블록체인에 추가되는 비율을 떨어뜨리는 것이다. 점점 어려워지는 문제에 대응하기 위하여 개인 채굴자들은 과거와 같은 채굴 비율을 유지하기 위하여는 컴퓨터 역량을 증가시켜야만 한다.

비트코인의 시장가가 오르고 문제의 난이도가 점점 높아지면서 컴퓨터 역량을 확장시키려는 경쟁이 치열해져 현재의 채굴 환경은 2009년 당시의 소박했던 그것과는 몰라볼 정도로 달라졌다. 초창기 비트코인 채굴이 쉬웠을 때에 채굴자들은 가정용 컴퓨터에서 CPU에 비트코인 프로그램을 가동시킴으로써 채굴이 가능하였다. 그러다가 컴퓨터 게임용 그래픽 카드(graphic cards; GPUs)에 프로그램이 옮겨 갔다. 그러다 2011년에 비트코인 가격폭락과 함께 채굴이 점점 어려워지면서 GPUs 프로그램을 돌리는 데 들어간 전기사용료가 채굴한 비트코인의 가치를 초과하는 일이 벌어졌다. 그래서 채굴자들은 GPUs보다 조금 더 비싸기는 하지만 훨씬 전기 소모량이 적은 FPGAs(Field Programmable Gate Arrays)를 사용하기 시작하였다. 그러다가 2013년에 비트모인 채굴에 적합하게 개발된 ASICs(Application Specific

---

*Miner on eBay for $20,600*, MOTHERBOARD (Mar 22, 2013), available at http://motherboard.vice.com/blog/a−guide−to−bitcoin−mining−why−someone−bought−a−1500−bitcoin−miner−on−ebay−for−20600

Integrated Circuits)이 개발되면서 FPGAs도 곧 사라졌다. 이용자들은 비싼 가격에도 불구하고 새로운 제품을 기꺼이 사들이고 있으며 조금 일찍 사기 위하여 프리미엄까지 지불하고 있다.

비트코인 채굴은 초창기 컴퓨터 동호인의 개인컴퓨터에서 시작하여 지금은 대량 처리 장치를 가진 직업적 전문가들에 의한 채굴로 변모하였다. 비록 비트코인이 그 네트워크를 전 세계에 걸쳐 독립적으로 활동하는 다양한 이용자들에게로 넓혀 오긴 하였지만 대용량 컴퓨터 장치를 구매하고 유지할 수 있는 재력과 기술적 전문성을 가진 소수의 회사에 점점 그 채굴능력이 집중되고 있는 것이 사실이다.

그 예로 2014년 봄에 세계 최대의 채굴업체로 성장한 메가빅파워(MegaBigPower)를 들 수 있다.[20] 데이브 칼슨(Dave Carlson)이 이끄는 10명의 팀은 비트코인 채굴 역량의 7~10%를 점유하는 것을 목표로 하고 있다. 칼슨은 1년 동안 계획을 세우고, 특별히 주문한 채굴장비를 마련한 후에 2013년 7월에 워싱턴 주에 두 곳, 폴란드에 한 곳 모두 세 개의 지점을 오픈하였다. 메가빅파워는 2014년 1월에 초당 1,000조의 해시 값 계산능력을 갖추게 되었고, 다시 2014년 3월에 그보다 두 배의 능력을 갖추게 되었다. 이러한 처리능력은 5,000개의 컴퓨터에 장착된 1.4 메가 비트퓨리(BitFury) 채굴 칩에 의하여 가능하였다. 칼슨은 그의 워싱턴에 있는 두 개의 빌딩에서 그가 사용할 수 있는 전력의 최대치를 쏟아붓고 있다.

---

20 Jon Brodkin, *Meet the manic miner who wants to mint 10% of all new bitcoins*, ARSTECHNICA (Mar 26, 2014), available at http://arstechnica.com/information−technology/2014/03/meet−the−manic−miner−who−wants−to−mint−10−of−all−new−bitcoins

또한 칼슨의 회사는 채굴능력의 상당부분을 외부 투자가들에게 임대해주고 있다. 그중 가장 큰 임차인이 폴란드에 있는 바이오인포뱅크(BioInfoBank)이다. 이는 부유한 투자가, 펀드, 기업들이 지난 2년간 비트코인 비즈니스에 투자를 서두르고 있는 추세를 상징적으로 보여준다. 비트코인을 처음 개발하고 성장시켰던 무정부주의자, 반규제주의자, 반 은행 자유지상주의자들은 점점 무대에서 사라지고 채굴장비와 기계로 무장한 대규모 투자가들이나 전문직들이 등장하고 있다. 이러한 변화는 제4장에서 자세하게 다뤄질 것이다. 마지막으로 비트코인 채굴의 지속적인 성장이 환경오염 측면에서 어느 정도까지 지속 가능할지에 대한 의문이 있어왔는데, 적어도 최근의 연구결과에 따르면 비트코인 채굴을 위한 하드웨어를 운용하는 데 전기 사용에 따른 환경적인 침해는 크지 않은 것으로 나타났다.[21]

### 비트코인의 양날의 검: 51%의 공격

누군가가 비트코인 채굴능력을 일정 블록뭉치에 집중시킨다면 비트코인의 50%+ 특징으로 인하여 시스템에 근본적인 위협을 가지고 올 수 있다. 위에서 언급하였듯이 비트코인은 거래의 유효성을 과반수의 합의에 의하여 검증한다. 비트코인은 공개 소프트웨어이므로 그 개선과 변경이 과반수의 채굴자(다시 표현하면 시스템 내에서의 과반수의 찬성에 의하여)에 달려 있어 과반수가 찬성하면 새로운 버전으로 바꾸거나 완전히 갈아치우는 것도 가능하다.[22] 즉 나카모토가 배포한 초

---

[21] Hass McCook, *Under the Microscope: Economic and Environmental Costs of Bitcoin Mining*, COINDESK (June 21, 2014), available at http://www.coindesk.com/microscope−economic−environmental−costs−bitcoin−mining

[22] Alec Liu, *Bitcoin's Fatal Flaw was Nearly Exposed*, MOTHERBOARD (Jan 10,

기의 짧은 글에서 강조하였듯이 이 시스템은 오직 정직한 사용자들의 집단이 이 시스템을 전복시키려는 불순한 그룹보다 더 많은 통제력을 행사하는 경우에만 안전한 것이다.

그래서 나카모토의 비잔티움 장군의 문제 해결을 위한 합의구축 방법은 중앙에서 통제되지 않는 이기적인 이용자들에 의존하는 양날의 칼인 것이다. 어느 한 그룹이 시스템을 통제할 수 있는 50%가 넘는 채굴력을 보유하게 되어 이를 시스템을 남용하는 데 사용하게 될 우려는 51% 공격으로 알려져 있다. 시스템의 과반수를 연대시킬 수 있는 자는 허위 거래를 승인하거나 진짜 거래의 승인을 거부하는 등 악의적인 행동이 가능하다. 이러한 악의적인 행동은 쉽게 발견되지도 않으므로 조금의 남용가능성만으로도 신뢰는 무너지고 이어지는 공황상태는 비트코인을 붕괴시킬 수 있다.[23]

최첨단의 채굴 하드웨어가 51% 공격에 대한 우려를 가져오는 것과 별도로, 비트코인 공동체는 소프트웨어 문제인 채굴자 연대가 일으키는 보다 급박한 문제에 직면하여 있다. 당초의 비트코인 프로그램에는 포함되어 있지 않았으나 후기 버전에 채굴과정에 참여하는 이용자들이 서로 연대하여 채굴을 할 수 있도록 하는 프로그램이 추가되었다. 매 10분마다 오직 하나의 블록이 검증되고 레이스의 승자만이 그가 들인 노력과 전기 비용에 대하여 보상을 받는 구조이므로 채굴자들은 컴퓨터 처리능력을 합하고 이에 따라 승률을 높이기 위하여 협업을 하기 시작하였다. 이럴 경우 보상금을 참여자끼리 나눠야 하는 문제가 있지만 실패 위험을 감소시키는 장점이 있다. 불행히

---

2014), available at
http://motherboard.vice.com/blog/bitcoins−fatal−flaw−was−nearly−exposed
[23] Id.

도 이러한 움직임은 시간이 갈수록 심화되어 개별적인 채굴자들은 자연스럽게 커다란 집단 아래 모이게 되고, 이들은 가장 적은 불확실성으로 가장 높은 보상을 받는 성공률을 가지게 되었다. 그 결과 최고로 큰 집단에 속하려는 유인은 최고로 큰 집단의 점유율이 점점 과반수에 가까워 오면서 이 시스템에 대한 중대한 위협이 되고 있다.

비트코인 공동체는 2014년 1월에 정확히 이 사태로 인하여 공황에 빠진 적이 있다. 지해시(GHash.IO)라는 최대의 비트코인 채굴집단이 점점 커져 24시간 동안 새로운 블록문제의 42%를 해결하는 데 성공하였다. 지해시와 두 번째로 큰 채굴집단을 합하면 총 네트워크의 60%를 차지하므로 이들이 팀을 이루어 시스템을 뒤집을 것이라는 우려가 팽배하였다. 이러한 우려가 퍼져 나가자 시스템의 붕괴를 우려한 이용자들이 스스로 규제하여 지해시의 점유율을 38%대로 약간 떨어뜨렸다.

지해시에서는 성명을 발표하여 자신 집단의 채굴능력이 51%까지 쌓이는 것을 적극적으로 피하겠다고 밝히고, 만약 비트코인에 무슨 일이 일어난다면 지해시의 시설투자 손실은 물론 비트코인을 사랑해 준 사람들에게 해를 입히게 되어 지해시로서도 51%의 채굴능력을 얻어 이득이 될 것이 없다고 밝혔다. 비트코인 공동체는 비로소 2014년 봄의 공포로부터 진정되었고 여러 가지 기술적 보완책들이 진행되고 있다. 51%의 채굴력이 가져오는 통제를 분산시키려는 제안들 중에는 채굴자들로 하여금 모든 블록문제를 개별적으로 보관하도록 하거나 채굴자들이 동시에 여러 집단에 참가하는 것이 가능한 다중보상공유제(Multi-Pay Per Share)를 채택하는 방법 등이 있다.[24]

---

[24] Josiah Wilmoth, *Bitcoin Foundation's Approach to Threat of Ghash 51%*

그러나 여전히 대규모 채굴집단의 존재는 51% 공격이라는 현존하는 위협이 되고 있다. 2014년 7월에 이 문제를 해결하기 위하여 비트코인 산업의 리더들이 런던에 모였다. 여기서 지해시는 자신들의 최대 채굴능력을 40%로 제한한다고 약속하였다.[25] 그러나 이 모임에 참석한 많은 사람들은 이러한 해결책은 바람직하지도 않고 집행도 불가능한 것이라고 입을 모았다.[26] 비록 프로그램에 좀 변화를 주고 채굴집단 규모에 한도를 설정한다고 하여도 익명의 비트코인 채굴자 개인 또는 집단이 비밀리에 뭉치는 것을 막을 방법은 없을 것이기 때문이다. 비트코인의 합의에 이르는 방식이 채굴집단의 성장과 채굴장비의 발전이라는 새로운 상황을 맞이하여 어떻게 바뀌어 나가야 하는지에 대한 과제를 던져주고 있다.

---

*Attack Recklessly Conservative, Says Vitalik Buterin*, CCN (June 22, 2014) available at
http://www.cryptocoinsnews.com/news/bitcoin-foundation-approach-threat-ghash-51-attack-recklessly-conservative-says-vitalik-buterin/2014/06/22

[25] Stan Higgins, *Ghash Commits to 40% Hashrate Cap at Bitcoin Mining Summit*, COINDEST (July 16, 2014) available at
http://www.coindesk.com/ghash-commits-40-hashrate-cap-bitcoin-mining-summit/

[26] Jon Matonis, *The Bitcoin Mining Arms Race: GHash.io and the 51% Issue*, COINDESK (July 17, 2014), available at
http://www.coindesk.com/bitcoin-mining-detente-ghash-io-51-issue

# 비트코인 경제학을 둘러싼 논란

나는 인터넷이 정부의 역할을 축소시키는 동력이 될 것이라고 생각한다.
아직 없으나 곧 개발될 것으로 믿는 것 중의 하나가 신뢰할 수 있는 e-cash이다.
이것을 사용하면 A와 B가 서로 상대방을 모르는 상태에서도
인터넷을 통하여 A가 B에게 자금을 송금할 수 있다.

- Milton Friedman, 1999 [1]

## 비트코인의 경제적 영향

스스로를 자유지상주의자, 암호 전송자(cypherpunks), 무정부주의 자본주의자라고 부르는 사람들이 비트코인을 설계하고 운영하는 데 중심적인 역할을 하였다는 것을 생각해 보면 비트코인의 이론적 기반이 오스트리아 경제학파[2] 같은 자유시장 옹호자들의 정치경제적 신념으로부터 영향을 받았을 것이라는 점은 전혀 놀랍지 않다.[3] *The Theory of Money and Credit*에서 루드비히 폰 미제스(Ludwig

---

[1] Steve H. Hanke, *Friedman and Hanke on Bitcoin*, CATO AT LIBERTY (Feb 20, 2014, 2:35 PM), available at
http://www.cato.org/blog/friedman−hanke−bitcoin
[2] [역자주] 루드비히 폰 미제스(Ludwig von Mises; 1881~1973)를 학문적 뿌리로 하여 금본위제에 대한 가장 체계적인 이론을 세운 학파를 말한다.
[3] Sam Dallyn, *Bitcoin's strength lies in its libertarian status*, THE CONVERSATION (Mar 28, 2014)

von Mises)는 통화를 창조하는 것은 정부가 아니라 시장에서 거래를 하는 사람들의 일상적인 행위이다[4]라고 주장하였다. 오스트리아 학파에 대하여 비판적인 에드워드 하다스(Edward Hadas)는 그의 비트코인 관련 글에서 정부가 발행하지 않은 화폐는 항상 실패할 운명을 타고났다. 통화라는 것은 필연적으로 국가가 사용하는 수단이기 때문이다[5]라고 하면서 통화라는 것은 정부보다 불안정한 기관에 의하여 운영되기에는 너무나 정치, 경제, 사회적인 모든 면과 밀접하게 관련되어 있다고 하였다. 그래서 만약 비트코인이 성공한다면 오직 정부만이 통화를 관리할 수 있다는 통념에 대한 미제스의 반박이 옳음을 증명해 줄 수 있다.

비트코인의 설계는 프리드리히 폰 하이에크(Friedrich Von Hayek)에 의하여 널리 전파된 아이디어로부터 힘을 얻었다. 하이에크는 한때 국가의 화폐독점은 서로 경쟁하는 은행들 또는 사기업이 발행하는 통화들에 의하여 대체되어야 한다고 주장하였다.[6][7] 나카모토는 최초로 배포한 글에서 제3자에 대한 신뢰에 의존하지 않는, 즉 정부나

---

[4] Ludwig Von Mises, *The Theory of Money and Credit* (1953), available at https://mises.org/books/Theory_Money_Credit/Part1_Ch4.aspx

[5] Edward Hadas, *A Prediction: Bitcoin Is Doomed to Fail*, N.Y.TIMES (Nov. 27, 2013), available at
http://dealbook.nytimes.com/2013/11/27/a−prediction−bitcoin−is−doomed−to−fail/

[6] Friedrich Hayek, The Denationalization of Money: THE ARGUMENT REFINED (1978), available at http://mises.org/books/denationalisation.pdf

[7] [역자주] 하이에크(1899~1992)는 화폐의 비국유화(The Denationalization of Money)란 책을 1976년에 발간하였다. 여기에서 정부와 중앙은행이 독점하고 있는 법정화폐 제도는 재정팽창을 유발하고 경기변동을 일으킨다고 하면서 정부의 화폐발행권 독점을 폐지하고 은행이 독자적으로 화폐를 발행하는 제도를 제창하였다.

은행 같은 중앙통제소는 물론 시스템 내의 어느 누구에게도 의존하지 않는 전자거래시스템을 구축하는 것을 목표로 한다고 분명히 밝혔다. 이러한 생각은 사회시스템 내에서 개인의 존재에 대한 하이에크의 시각의 반향이라고 볼 수 있다. 하이에크는 다음과 같이 기술하였다.

> 아담 스미스의 걱정은 인간이 최상의 상태에 있을 때 무엇을 성취할 수 있는가 하는 데에 있는 것이 아니라 인간이 최악의 상태에 있을 때 남들을 해치지 않도록 하여야 한다는 데에 있다. 스미스의 개인주의라고 하는 것은 그 개인주의를 실현할 훌륭한 사람에 의존하거나 또는 모든 사람이 지금보다 더 나은 사람이 되자는 것이 아니라, 때로는 선량하고 때로는 불량하고 때로는 지적이고 때로는 멍청한 그러한 다양성과 복잡함을 가진 상태로 인간을 바라보자는 것이다.[8]

인간 개개인의 능력은 유한하여 사회구조 전체를 이해할 수는 없으므로 하이에크는 개별 인간들은 그들이 위치한 좁은 영역에서 스스로의 이익을 추구하도록 놔둬야만 한다고 주장한다.

> 따라서 옳은 질문은 인간이 이기적인 동기에 의하여 유인되는가 또는 유인되어야 하는가가 아니라 우리 사회가 인간이 그의 이기적인 동기에 의하여 행동하는 것을 허용할 수 있는가 아니면 허용할 수 없는가, 즉 사회 전체적으로 그 행위의 중요성을 인식할 수 있는 다른 사람들에게 적합한 방식으로 행위를 하도록 강요되어야 하는가이다.

하이에크는 '시장'이야말로 인간이 그가 이해할 수 있는 것보다 훨씬 복잡한 과정에 참여할 수 있게 만든 매우 효율적인 길이고, 인간이 그가 처음에 의도하지 않았던 목적 달성에 기여할 수 있는 수단이

---

8 Sheldon Richman, *Hayek on Individualism*, THE FREEMAN (June 15, 2012), available at http://www.fee.org/the_freeman/detail/hayek-on-individualism

라고 이해한 초기 개인주의 경제학자들의 인식은 옳았다고 말한다. 비트코인 작동원리의 핵심인 탈 중앙집중화 합의구축 방식은 이와 비슷한 원리에 입각하여 있다. 중앙통제소가 없는 비트코인 프로그램은 그 이용자 누군가에게 시스템 전체 차원에서 진실성을 감시하여 달라고 부탁하지 않는다. 대신 모든 이용자는 돈을 벌기 위하여 채굴할 목적으로 컴퓨터 작업을 함으로써 스스로의 이익을 추구할 뿐이다. 그러나 개별 채굴자들의 채굴능력의 총합은 작업 검증에 이용되어 채굴과정에 가치를 부여하고, 새로운 비트코인을 유통시키고, 유통되고 있는 비트코인 거래를 검증하고, 비잔티움 장군의 문제를 극복하는 방법으로 탈 중앙집중적 합의 메커니즘을 제공함으로써 전체적으로 비트코인 경제를 성공으로 이끄는 것이다.

### 디플레이션 논쟁

비트코인은 자유주의 옹호자들로부터는 경배를, 그 비판자들로부터는 멸시를 불러온 또 하나의 중요한 특징이 있다. 한때 연방준비제도위원회(Federal Reserve)의 폐지를 주장한 것으로 유명한 밀턴 프리드먼(Milton Friedman)은 통화량을 미리 정한 비율로 일정하게 증가시킴으로써 인플레이션을 억제하는 자동화된 시스템에 의하여 연방준비제도위원회는 대체되어야 한다고 주장했다.[9][10] 제2장에서 한번 언급되었듯이 비트코인 프로그램은 미리 정한 비율로 비트코인을 발행하기 위하여 난이도를 조정함으로써 정확히 이렇게 하고 있다. 또

---

9 *Digital Currencies: Bits and Bob*, ECONOMIST (June 16, 2011), available at http://www.economist.com/node/18836780
10 [역자주] 밀턴 프리드먼(1912~2006)은 소위 k-퍼센트 준칙이라고 하여 중앙은행의 관리통화제도는 인정하되 재량적인 정책은 인정하지 않으며 화폐 공급을 일정한 비율에 따라 제약하여야 한다고 주장하였다.

한 나카모토가 2008년에 배포한 논문에는 그 필요성이 언급되지 않았으나 2009년 초에 최초로 출시한 비트코인 프로그램에는 다음과 같은 제한이 추가되었다.[11]

비트코인은 통화량 총량을 제한하여 2,100만 코인이 유통되는 시점에 발행을 멈추도록 프로그램화되어 있다. 현재의 추세로 본다면 그 시점은 아마도 지금부터 20년 내의 어느 시점이 될 것이다. 일단 더 이상의 코인이 생산되지 않게 된다면 현재의 아주 적은 비트코인 거래요금은 인상될 것으로 예상된다. 채굴자들이 비트코인 거래를 검증하기 위하여 그들의 컴퓨터를 계속 가동시키는 데 대한 보상을 해줘야 하기 때문이다. 몇몇 사람들은 거래요금 상승이 가져올 부정적인 효과 및 인플레이션을 억제할 다른 메커니즘이 있을 것임에도 불구하고 생산총량을 2,100만 코인으로 제한한 것에 대하여 우려를 표명하고 있다.

디지털화폐에 있어서도 마찬가지지만, 반 인플레이션 화폐총량 제한이라는 아이디어는 전통적 자유지상주의자들의 사상에서 고취된 것이었다. 헨리 헤즐릿(Henry Hazlitt)은 루드비히 폰 미제스가 "우리들의 지도자"라고 불렀던 자유방임주의 경제학자이자 유명한 작가로서 "인플레이션은 가장 악질적인 형태의 조세이고 인플레이션으로부터 이익을 보는 정치집단이 그것의 지속을 고집하므로 지속될 수밖에 없다"라고 주장하였다.

인플레이션에 대한 열망은 식지 않는다. 어느 나라도 다른 나라의 경험으로부터 깨닫는 바가 없고 어느 세대도 선대의 고통으로부터 배우는 바가

---

11 *Bitcoin: New Money*, ECONOMIST (Mar 17, 2014), available at http://www.economist.com/blogs/freeexchange/2014/03/bitcoin

없는 것 같다. 각 세대와 나라는 똑같은 신기루를 좇는다. 사해(Dead Sea)의 과실을 움켜쥐지만 먼지와 재로 변하여 입 속으로 들어간다. 수많은 환상을 만들어 내는 것이 인플레이션의 속성이므로 이것은 공개적이고 정직한 방법이 아닌 환상을 이용하여 작동한다. 인플레이션은 모든 경제활동에 환상의 장막을 던진다. 그것으로 고통 받는 사람들을 포함하여 모든 사람을 속이고 혼동시킨다. 인플레이션이야말로 아편이라고 할 수 있다.[12]

나카모토가 2009년 2월에 온라인 공동체에 비트코인을 소개하였을 때 그는 새 통화의 매력은 국가통화의 고질적인 인플레이션 정책으로부터 보호된다는 것이라고 주장하였다. 중앙은행은 통화가치를 지킨다는 신뢰를 받아야 하는데 불환지폐의 역사는 그러한 신뢰가 번번히 배신당한다는 사실을 보여주고 있다고 하였다.[13]

이후 몇 년 동안 비트코인의 반 인플레이션에 대한 나카모토의 비전은 디지털화폐를 사용하고 옹호하는 사람들 사이에서 울려 퍼졌다. 게이토 연구소(Cato Institute) 정보정책학회의 전 대표였던 짐 하퍼(Jim Harper)의 표현을 빌면 "세상에는 나 같은 자유주의 금본위제 지지자들이 있어 이들에게 인플레이션은 끊임없는 걱정거리이고 따라서 비트코인의 암호화 기반은 인플레이션에 대한 방지책으로 받아들여지고 있다"고 한다.[14] 어떤 뉴스 사설에서 비트코인 자유지상주의자들의 강령이라고 표현하였듯이 통화공급량의 종국적 제한은 모든

---

[12] Henry Hazlitt, Economics in one lesson vi, 155–156, 159–160 (50th anniversary ed. 1996).
[13] Satoshi Nakamoto, *Bitcoin open source implementation of P2P currency*, P2P FOUND (Feb 11, 2009, 10:27 PM), available at http://p2pfoundation.ning.com/forum/topics/bitcoin-open-source
[14] Adam Server & Cana Liebelson, *Bitcoin, Explained*, MOTHER JONES (April 10, 2013), available at http://www.motherjones.com/politics/2013/04/what-is-bitcoin-explained

다른 통화가 빠지기 쉬운 중앙은행의 인플레이션 간섭을 차단할 수 있는 새로운 길을 보여주는 것이다.[15] 실제로 비트코인은 사이프러스 같은 인플레이션이 심한 나라의 국민들이 그들 나라의 국가통화 대신에 디지털화폐로 대규모로 갈아타면서 그 가치가 상승하였다.[16] 물론 인플레이션이 심한 나라라고 하더라도 아르헨티나의 사례에서 볼 수 있듯이 기술적 기반이 부족하거나 규제장벽이 있는 경우에는 비트코인이 활성화되지 않는 경우도 볼 수 있다.[17]

비트코인 통화총량의 제한은 이 조치가 디지털화폐로부터 통화적인 특성을 빼앗고 종국에 가서는 디플레이션 압력에 굴복하여 사멸할 것이라는 경제학자 또는 전문가로부터의 거센 비판을 받아왔다. 통화 상한선의 설정은 국가통화들이 가지고 있는 유연성과 안전성을 제거하는 것이라는 주장이다.

현대의 중앙은행들은 선한 목적에서 약한 수준의 인플레이션을 선호한다. 실제 세상에서 임금은 하방 경직적이어서 기업들은 근로자들의 임금을 쉽게 내릴 수 없다. 약간의 인플레이션은 이 시스템에 윤활유 역할을 하여 임금을 깎는 역할을 한다. 통화 공급이 너무 적을 경우 제품의 가격은 떨어지고 임금으로 지급하는 비용은 증가한다. 결과적으로 실업이 발생한다. 게다가 근로자들이 물가인하를 예상하여 소비를 줄이기라도 한다면 불황으로 치닫게 된다.[18]

---

15 *Free Exchange: Money From nothing*, ECONOMIST (Mar 15, 2014)
16 David Schepp, *As Cyprus' Woes Deepen, Interest in Bitcoin Soars*, DAILY FINANCE (Mar 28, 2013, 3:23 PM) available at
　http://www.dailyfinance.com/on/cyprus−bank−crisis−bitcoin−soars
17 *Bitcoin in Argentina*, ECONOMIST (June 12, 2014), available at
　http://www.economist.com/blogs/schumpeter/2014/06/bitcoin−argentina
18 *Free Exchange: Money From nothing*, ECONOMIST (Mar 15, 2014)

임금이 고정된 상태에서 디플레이션은 매우 부담스러운 것이므로 일부 사람들은 비트코인에 내재된 디플레이션 정책은 잘못된 것이라고 주장하곤 한다.[19] 전통적 국가화폐가 위기 시에 유연하게 유동성을 공급함으로써 쇼크를 흡수할 수 있는 기능을 하는 것과 비교하여 본다면 디지털화폐의 취약성은 명백하게 드러난다는 것이다.

비판적인 사람들이 인용하는 또 하나의 유명한 이야기는 노벨 경제학상 수상자인 폴 크루그먼(Paul Krugman)의 1998년 논문에 나오는 아기 돌보기 협동조합 이야기이다.[20][21] 한 동네 사람들이 아기 돌봐주는 사람을 고용하여 임금을 주는 대신 서로 이웃집 아기를 돌봐주기로 합의를 하여 아기 돌보기 협동조합이 결성되었다. 아기 돌보는 일을 공평하게 나누기 위하여 이 협동조합은 아기 돌보기 1시간당 한 장의 쿠폰을 발행하였다. 사실상 통화와 같은 것을 창조한 것이다. 그러나 몇몇 회원들이 나중에 쓰기 위하여 쿠폰을 모으기 시작하면서 문제가 생기기 시작하였다. 많은 사람이 이렇게 할수록 아기 돌보기를 부탁하는 사람이 줄어들었다. 쿠폰이 유통되는 양이 줄면서 아기 돌보는 일거리도 줄어든 것이다.

이러한 현상이 경기 침체기의 유동성함정이다. 이 현상은 협동조합이 더 많은 쿠폰을 발행함으로써, 즉 통화량을 늘림으로써 극복할

---

[19] *Money; Bitcoin's deflation problem*, ECONOMIST (April 3, 2014), available at http://www.economist.com/blogs/freeexchange/2014/04/money
[20] Pascal-Emmanuel Gobry, *This 1998 Paul Krugman Column Perfectly Explains The Design Flaw At The Heart Of Bitcoin*, FORBES (April 5, 3013), available at http://www.forbes.com/sites/pascalemmanuelgobry/2013/04/05/krugman-baby-sitting-co-op-bitcoin/
[21] [역자주] 폴 크루그먼(1953~)은 2008년 노벨경제학상 수상자이며 우리나라에는 특히 1994년 아시아 경제위기를 예견한 것으로 잘 알려져 있다.

수 있다. 오늘날 분석가들은 비트코인 총량이 고정되면 어느 단계에서 비트코인은 아기 돌보기 협동조합과 똑같은 문제를 일으켜 디플레이션 압력으로 인하여 통화가 부족하게 되고 경기침체가 일어나고 그래서 유동성 함정에 빠질 것이라고 경고하고 있다. 통화량을 조절할 수 있는 중앙기구의 존재가 없으므로 비트코인 디플레이션에 대처할 양적 완화 같은 수단도 이용될 수 없다.

그리스 경제학자 야니스 바루파키스(Yanis Varoufakis)도 2,100만 비트코인 한도는 치명적인 디플레이션 소용돌이에 빠지게 할 것이라고 비슷한 주장을 하였다.[22] 비트코인이 계속 성장하고 상인들도 결제수단으로 받아주는 경우에도 비트코인의 제한된 공급량은 항상 물품과 서비스의 거래량에 못 미치게 되고 그래서 물품 및 서비스의 단위당 비트코인의 양은 줄어들어 디플레이션을 야기한다. 바루파키스에 따르면 이는 두 가지 측면에서 문제가 된다. 첫째로 비트코인으로 표시된 물품 가격의 하락은 사람들로 하여금 비트코인 소비를 늦추게 한다. 내일 더 싸게 살 수 있는데 오늘 왜 비싸게 사느냐는 것이다. 두 번째로는 원재료를 구입하여 제품을 만들어 파는 기업에 있어 원재료의 구입시점과 배달시점에 시차가 있는 경우 그만큼 비용대비 수익 마진이 계속 줄어들게 된다는 점이다. 그 결과 비트코인과 같이 예견된 디플레이션 경제에서는 상품과 서비스를 생산하기 위하여 투자를 할 경제적 유인이 없게 된다.

크루그먼은 2011년 9월에 비트코인에 관한 그의 첫 견해를 발표

---

[22] Spiros Eliopoulos, *Bitcoin Deflation and Economic Activity*, COMPUTATIONALLY ENDOWED (Nov 27, 2013), available at
http://computationallyendowed.com/blog/2013/11/27/bitcoin-deflation.html

했을 때 앞의 분석과 비슷한 생각을 보여주었다.[23] 비트코인의 한도 설정은 달러로 표시된 그 가치는 변동하지만 디지털화폐의 총량을 제한하는 것이므로 비트코인은 그 자신의 사적인 금본위제를 설정한 것이고, 이에 따라 화폐공급은 증가하지 않고 고정되어 있는 것이라고 하였다. 2011년 중반 비트코인이 붕괴되는 시점에 쓴 글에는 당시 비트코인의 가격을 지난 3년간의 소비자 물가와 비교하면서 크루그먼은 비트코인 경제는 심각한 디플레이션을 경험하였고 그 결과 사용자들이 디지털화폐를 소비하는 대신 보유하려고 하면서 비트코인 총 생산량은 급격히 줄어들었다고 분석하였다. 이 경제학자는 그의 칼럼을 다음과 같은 비관적인 견해로 마무리하고 있다. "비트코인 실험은 금본위제 같은 것은 현금퇴장, 디플레이션, 경기침체 같은 것에 취약하므로 따를 것이 못 된다는 것을 보여줄 것이다. 비트코인이 국가기본 경제 및 금융시스템과 병행하여 존속함을 이용하여 이러한 어려움을 극복할 수 있을지는 분명하지 않다. 만약 아니라고 한다면 비트코인 채굴능력의 과반수를 점유하고 있는 자들은 비트코인 경제가 디플레이션의 먹이가 되지 않도록 하기 위하여 어느 시점에선가 비트코인 프로그램의 미래 버전에서 발행한도를 제거하는 데 합의하여야 할지도 모른다."

### 가격상승과 투기 및 가치저장수단으로서의 비트코인

2011년 당시 디지털화폐가 어려움을 겪을 당시 크루그먼과 다른 비판가들은 어두운 전망을 하였지만 그럼에도 불구하고 비트코인에 대한 사망선고는 아직까지는 너무 과장된 것으로 보인다. 2014년 봄

---

23 Paul Krugman, *Golden Cyberfetters*, N.Y.TIMES (Sep 7, 2011), available at http://nyti.ms/lePDPAv

비트코인은 1코인당 400~500달러에 거래되고 있다. 이 가격은 2013년 12월경 1,100달러를 초과한 가격에 비하면 현저히 떨어진 것이지만 비트코인 시스템에 대한 몇 개월간의 심각한 충격에도 불구하고 복원력이 있음을 보여줬다. 봄 시즌 동안 등락을 거듭하다 2014년 5월에는 2011년 이래 비트코인 거래량 최저를 기록하는 것으로 시작하였다.[24] 그러나 2014년 6월에는 600달러를 초과한, 4월 보다 80% 오른 가격으로 거래되고 있다.

2009년 1월에 소수의 참가자와 낮은 난이도의 블록문제를 가지고 비트코인 네트워크가 출범하였을 때 비트코인은 빠르게 생산되었고 가격도 저렴하였다. 정확한 숫자는 알 수 없지만 2009년 10월에 비트코인의 구매력은 1,309.03 비트코인이 1달러에 해당하는 것이었다. 초기에 비트코인이 얼마나 쉽게 생산되고 저렴하게 사용되었는지를 보여주기 위해 자주 인용되는 악명 높은 순간이 있다. 2010년 5월에 한 비트코인 이용자는 동호인 채팅방에서 그가 10,000 비트코인을 주고 25달러짜리 피자를 사는 데 성공하였다는 사실을 자랑 삼아 떠벌렸는데, 이때가 역사상 가장 비싼 피자가 거래되는 순간이었다.[25] 그 채굴자가 10,000 비트코인을 그냥 가지고 있다가 2013년 11월에 팔았다면 그는 1,200만 달러를 넘는 돈을 쥘 수 있었을 것이다. 또 하나의 잘 알려진 이야기는 노르웨이 사람인데 암호화를 주제로 논문을 쓰면서 2009년에 당시 27달러 미만의 가격을 치르고

---

[24] P.J. Delaney, *Bitcoin Transaction Volumn has Dropped to its Lowest Since 2011 And It is a Positive Sign*, CCN(May 7, 2014), available at http://www.cryptocoinsnews.com/news/bitcoin-transaction-volumn-dropped-lowest-since-2011-positive-sign/2014/05/07

[25] *Pizza for Bitcoins?*, BITCOIM TALK, available at http://bitcointalk.org/index.php?topic=137.msg1195#msg1195

5,000 비트코인을 구매하였다.[26] 이 사람은 2013년 4월에 디지털화폐에 대한 기사를 읽을 때까지 비트코인에 대하여 까맣게 잊고 있었다. 2014년 7월 가격으로 계산하면 5,000 비트코인은 3백만 달러 정도 된다.[27]

비트코인의 미 달러표시 가격은 출시 3년 만에 크게 변동하였다. 2011년에 비트코인은 0.3달러에서 32달러까지 크게 치솟았다가 다시 2달러 수준으로 떨어졌다.[28] 2012년 중에는 대략 5달러에서 15달러 수준까지 완만하게 상승하였다. 다른 요인들과 함께 2012~2013년 기간 중 사이프러스 금융위기로 인하여 비트코인 가격은 2013년 봄에 거의 100달러 수준으로 급격히 상승하였다. 10월에 이르러 갑자기 극적으로 상승하더니 11월 하순에 최고점인 1,200달러를 상회하다가 다시 12월 중순에는 반절 정도로 떨어졌다. 2014년 1월경에 600~800달러 정도에 맴돌다가 봄 시즌 들어 약간 떨어진 가격으로 거래되었다.[29]

비트코인의 시가총액은 2013년 3월에 처음으로 10억 달러를 돌

---

[26] Samuel Gibbs, *Man buys $27 of bitcoin, forgets about them, finds they're now worth $886k*, GUARDIAN (Oct 29, 2013), available at http://www.theguardian.com/technology/2013/oct/29/bitcoin-forgotten-currency-norway-oslo-home

[27] [역자주] 2017. 6. 12. 비트코인 가격은 현재까지 최고 기록인 1비트코인당 3,018달러를 기록하였다. 이 가격으로 계산하면 1,500만 달러 정도 된다.

[28] Timothy B. Lee, *When will the people who called Bitcoin a bubble admit they were wrong?*, WASH.POST (Nov 5, 2013), available at http://www.washingtonpost.com/blogs/the-switch/wp/2013/11/05/when-will-the-people-who-called-bitcoin-a-bubble-admit-they-were-wrong

[29] *Charts: some metrics on the Bitcoin network*, COIN BASE, available at http://coinbase.com/charts

파하였다. 이윽고 2013년 12월에는 140억 달러를 넘어서게 되었다. 이 수준은 콩고공화국(142.5억 달러) 및 아이슬란드(145.9억 달러)의 GDP 규모와 맞먹는 것이다. 2014년 5월에 비트코인 시가총액은 60억 달러 수준으로 떨어졌는데 이는 버뮤다(56억 달러) 또는 프렌치 폴리네시아(56.5억 달러)과 비슷한 수준이다. 비트코인 시가총액은 2014년 여름까지 대략 80억 달러 수준에서 안정적으로 유지되고 있다.

2011년까지 디지털화폐의 임박한 암울한 운명을 장담했던 비판가들의 견해와 달리 2012년부터 2014년까지 비트코인의 가격이 대폭 상승하자 이는 회의론자들에게 그 변동성과 투기성을 공격할 새로운 소재가 되었다. 존 홉킨스 대학에서 대체통화를 연구하고 있는 스티브 한케(Steve Hanke) 교수는 2013년 4월에 비트코인을 매우 투기적이라고 부르는 것은 "세기의 절제된 표현"이라고 하였다.[30] 2013년 11월 뉴욕 타임즈의 한 칼럼은 비트코인을 현시대의 유토피안 사이버 자유지상주의자들의 이데올로기와 가장 구식의 투기적 탐욕의 기괴한 결합이라고 하면서 비트코인은 실거래에서 통화로 쓰이기보다는 투기광들에 의하여 사용되고 있다고 평가하였다. 2013년 12월에 보스턴 대학의 금융분야 교수 마크 윌리엄스(Mark T. Williams)는 비트코인은 금보다 7배, S&P500지수보다 8배 변동성이 큰 자산버블이라고 말하였다. 윌리엄스의 시각에서 비트코인은 미래의 화폐가 아니라 투기수단에 불과하였다. 전 연방준비제도이사회 의장 앨런 그린스펀(Alan Greenspan)도 비슷한 취지에서 비트코인은 내재적 가치가

---

[30] Nathaniel Popper & Peter Lattman, *Never Mind Facebook: Winklevoss Twins Rule in Digital Money*, N.Y.TIMES (April 11, 2013), available at http://nyti.ms/1foLgjS

없는 거품에 불과하다고 말하였다.[31] 비판적인 사람들은 비트코인의 가격폭등을 17세기 네덜란드의 악명 높은 튤립투기에 자주 비유한다. 이 사례는 희귀한 종류의 튤립가격이 미친 듯이 올랐다가 폭락함으로써 투자자들이 모두 파산한 사건이다.[32]

2014년 2월 비트코인의 최대 거래소이자 전체 거래량 중 약 80%를 차지하던 마운트 곡스(Mt. Gox) 붕괴에 따른 가격 폭락 이후 비판가들은 디지털화폐의 성장이라는 것은 투기적 버블 외에 아무것도 아니라는 것에 확신을 갖게 되었다.[33] 곧 이어서 노벨 경제학상 수상자인 예일대학교의 로버트 실러(Robert Shiller) 교수는 "비트코인 현상은 투기버블에 꼭 들어맞는 것으로 보인다. 즉 일시적인 유행이 일어나고, 가격상승을 기대하고, 광적으로 취득하고, (중략) 비트코인이 불안정성은 성공의 증거가 아니라 실패의 증거이다"라고 하였다. 그러나 이러한 주장은 비트코인 옹호론자들에게는 달갑지 않은 것이었다. 마크 로고브스키(Mark Rogowsky)는 "비트코인에 대하여 잘못 이해하기 위하여 노벨상 수상자가 필요한 것은 아니다. 그러나 때로 도움이 된다"는 제목의 글을 써서 반박하였다.[34] 저자인 로고브스키는

---

[31] Carter Dougherty, *The Rise of Bitcoin: Is It Real Money If It Doesn't Come From the Mint*, BLOOMBERG (Mar 25, 2014), available at http://www.bloomberg.com/quicktake/bitcoins/
[32] Michael Sivy, *The Real Significance of the Bitcoin Boom*, TIME (April 12, 2013), available at
http://business.time.com/2013/04/12/the-real-significance-of-the-bitcoin-boom-and-bust/
[33] Hiroko Tabuchi, *Lacking Revival plan, Bitcoin Exchange Mt. Gox Likely to be Liquidated*, N.Y.TIMES (April 16, 2014) available at http://nyti.ms/1eyU2R5
[34] Mark Rogowsky, *You don't need a novel prize to b wrong about bitcoin, but it helps*, FORBES (Mar 2, 2014), available at

호프스트라(Hofstra) 대학의 장 폴 로드리그(Jean-Paul Rodrigue)에 의하여 고안된 투자모델을 이용하여 비트코인의 버블 주장을 반박하였다.

로고브스키는 이 모델을 장기 비트코인 가격 차트에 비교한 후 마운트 곡스의 파산 이후에도 비트코인은 로드리그 모델의 포기(capitulation)와 절망(despair) 단계에 들어가지 않았다고 주장했다. 또한 비트코인은 2011년~2013년 기간 중 소프트웨어 결함, 해커의 공격, 정부의 규제 같은 주요한 문제들을 극복하여 왔기 때문에 버블의 붕괴라고 주장하기에는 너무 이르다는 것이다. 비록 2014년 상반기에 몇몇 규제들로 인하여 비트코인 가격이 하락하기는 하였지만, 마운트 곡스 사건은 상당수 채굴자나 투자자들이 심각한 손실을 입었음에도 불구하고 잘 극복되었다고 주장하였다.

비트코인 옹호론자들은 "많은 언론매체에서 마운트 곡스 거래소의 종말에 대하여 여러 이야기를 하고 있지만 비트코인 가격이 왜 다시 오르는지에 대하여는 한 마디도 하지 않고 있다고 하면서, 이것은 아마도 그들이 비트코인이 망하기를 기원하고 있기 때문일 것이며 특히 이전에 디지털화폐의 운명을 버블에 비유한 적이 있는 비평가라면 더욱 그럴 것이다"라고 주장한다. 그러면서 몇 해에 걸쳐 비트코인이 지속적으로 살아남고 성장한 사실은 버블 운운하는 것을 당장 그만둬야 한다는 것을 말해주고 있다고 한다.[35] 또 윌리엄스가 2013년 12월에 "비트코인은 2014년 6월까지 99% 하락하여 10달러 미만으로 떨어질 것"이라고 공개적이고 단호하게 예견하였음에도 불구하고

---

http://www.forbes.com/sites/markrogowsky/2014/03/02/you−dont−need−a−novel−prize−to−be−wrong−about−bitcoin−but−it−helps

[35] David Zeiler, *Why Bitcoin Prices Are Rising Again*, MONEY MORNING (Mar 5, 2014) available at
http://moneymorning.com/2014/03/05/bitcoin−prices−rising/

실제로는 2014년 5월까지 34% 상승하여 600달러를 돌파하고 있다는 점을 강조한다. 이러한 논쟁은 둘 다 어느 정도는 옳다고 할 수 있다. 한 연구결과에 따르면 전통적인 시장요인 외에 투기적인 요인이 비트코인 가격에 중대한 영향을 미쳤다고 한다.[36] 또 다른 연구기관은 비트코인의 가격등락 특성과 붕괴 이후의 가격변화는 비트코인 채굴자들의 자본적 지출과 수익적 지출을 분석하여 설명 가능하다고 한다.[37] 즉 비트코인 가격이 올라 채굴자들이 증가하고 문제의 난이도가 높아져 컴퓨터 장비 및 운용인력에 대한 지출이 증가한 것과 관련이 있다는 것이다.

그러나 심지어 비트코인 지지자인 로고브스키도 인정하였듯이 나카모토의 발명품은 부인할 수 없는 가격 변동성을 겪어 왔다. 경제학자들은 일반적으로 어떤 것이 돈으로 받아들여지기 위하여는 세 가지 주요한 기능을 갖추어야 한다는 데 이견이 없다. 믿고 상품이나 서비스와 교환할 수 있는 교환의 매개수단, 구매력이 훼손되지 않은 상태로 가치를 저당할 수 있는 가치저장수단, 그리고 계산의 단위로서 (어떤 한 경제단위에서 가치를 잴 수 있는 숫자로 된 잣대) 기능이 그것이다. 비트코인이 교환수단으로서의 편리성으로 성장하였지만 현재 진행되고 있는 변동성은 가치저장수단으로서는 매우 불안정한 모습을 보이고 있다.

---

[36] *Data Mining Reveal the Factors Driving the Price of Bitcoin*, MIT TECH. REV. (June 4, 2014), available at http://www.technologyreview.com/view/527906/data0mining-reveals-the-factors-driving-the-price-of-bitcoins/

[37] Hass McCook, *Under the Microscope: Economic and Environmental Costs of Bitcoin Mining*, COIN DESK (June 21, 2014), available at http://www.coindesk.com/microscope-economic-environmental-costs-bitcoin-mining/

2013년 12월에 널리 배포된 "비트코인은 악마다"라는 제목의 크루그먼의 글에서 그는 왜 비트코인이 안정적인 가치저장수단이 될 수 있는지 이해할 수 없다고 하였다.[38] "최소한 미학적인 가치라도 있는 금에 비하여 비트코인은 컴퓨터코드에 불과하다. 내가 비트코인 지지자들에게 '왜 비트코인이 신뢰할 만한 가치저장수단이 되는지 설명해 보라'고 할 때마다 그들은 항상 얼마나 훌륭한 교환매개수단인지에 대하여만 열성적으로 설명하였다. 내가 비트코인을 산다고 하여도 내 의문은 해결되지 않을 것이다"고 말하였다. 규제 당국에서도 같은 이유로 우려를 표명하였다. 2014년 3월에 덴마크 중앙은행은 비트코인은 금이나 은과 같은 내재적인 가치가 없는 것으로서 과거 세기에 금이나 상아 등의 대용으로 거래되던 유리구슬에 비유할 수 있다고 경고를 날렸다.[39] 이 은행 총재인 위고 프레이 젠슨(Hugo Frey Jensen)은 "비트코인은 어떤 가치도 없는 가상화폐로서 그 가격이 매우 급속하게 올랐다 내렸다 할 수밖에 없다. 반면에 통화의 중요한 특성은 그 가치가 안정적이어서 구매력이 매일매일 현격하게 변하지 않는다는 것이다"라고 하였다.

비트코인이 장기간 통화로서 살아남을 수 있을지의 여부는 결국 이 프로그램의 이로운 점과 쓸모가 최소한 수준의 근본적이고 널리 인식된 가치를 비트코인에 계속적으로 부여해 줄 수 있느냐에 달려있다. 크루그먼과 같은 비판가들과 다르게 비트코인의 글로벌 유용성

---

[38] Paul Krugman, *Bitcoin Is Evil*, N.Y.TIMES (Dec 28, 2013), available at http://krugman.blogs.nytimes.com/2013/12/28/bitcoin−is−evil/
[39] Nermin Hajdarbegovic, *Danish Central Bank Compares Bitcoins to 'Glass Beads'*, COINDESK (Mar 19, 2014), available at
http://www.coindesk.com/danish−national−bank−compares−bitcoins−glass−beads

과 장점을 믿는 자들은 "비트코인이 종국적으로는 통화의 특성에 대한 전통적인 이론을 뒤집어 교환수단으로 사용한다는 것은 이미 사용자들의 마음속에 가치저장수단으로 이용되고 있는 것이다"라는 것을 증명하게 될 것이라고 한다.[40] 비트코인의 탈 중앙집중화 메커니즘에 커다란 가치를 두는 사람들은 비트코인이 내재적 가치가 없다는 관념을 거부한다. 이들은 디지털화폐의 신속성과 기술적 특성이 가치를 부여하고 있고 단지 현실 통화와 예측할 만한 교환비율이 없을 뿐이라는 것이다.[41] 이러한 입장에서 비트코인이 성공한다면 돈이라는 것이 반드시 가치저장 기능을 하여야 할 필요는 없다는 것을 증명하게 되는 것이라고 한다. 비트코인의 가격이 계속 등락을 거듭함에 따라 인터넷 시대에 상품과 서비스의 가격이 비트코인 가격의 등락에 맞추어 변화하는 것은 큰 일이 아니라고 한다.[42] 사이프러스의 금융위기에서 보았듯이 자국의 국가 화폐가 급속히 평가절하되는 것을 경험한 나라의 국민들에게 국제적이고 국경 없는 특성을 가진 비트코인은 매우 매력적인 비상시 가치저장수단이 된다.[43] 비트코인의 경제적 영향 및 그의 가치저장 기능과 관련한 논란에 불구하고 디지털화폐의 국경간 이용 및 기술적 특성들은 일반 소비자, 상인, 은행 그리고 기관투자가들에게 많은 관심과 논쟁을 불러왔다.

---

40 Adrianne Jeffries, *Why don't economists like Bitcoin?*, VERGE (Dec 31, 2013), available at
 http://www.theverge.com/2013/12/31/5260534/krugman−bitcoin−evil−economists
41 Rogowsky, supra note
42 Jeffries, supra note
43 Tim Fernholz, *There are good reasons to buy Bitcoin. Too bad they might be contradictory*, QUARTZ (Feb 28, 2014) available at
 http://qz.com/182306/there−are−good−reasons−to−buy−bitcoin−too−bad−they−might−be−contradictory/

# IV

# 비트코인에 대한 공중의 반응

사람들은 이것을 폰지 스킴(Ponzi scheme)[1]이라고 하거나 거품이라고 한다. 사람들은 이것을 진지하게 받아들이려 하지 않는다. 그러나 미래의 어떤 시점에 말은 이렇게 바뀔 것이다. 가상화폐가 이제 여기 있네. 우리는 그 초창기에 살았네.

- Cameron Winklevoss, 2013 [2]

### 비트코인의 매력

비트코인은 처음에는 소수의 컴퓨터 동호인 자유지상주의자들 사이에서 틈새통화로 거래되기 시작하였으나 전 세계적으로 훨씬 다양한 분야의 사람들이 참여하면서 동력을 얻어 역동적으로 성장하였다. 많은 이민자, 부유한 투자가, 마약 거래상, 무기 판매상, 도소매 판매상, 모험적인 사업가, 너무 가난해서 전통적인 금융시스템을 이용할

---

1 [역자주] 찰스 폰지(Charles Ponzi 1882~1949)는 이탈리아 태생으로 21세에 미국 땅을 밟은 이민 1세대였다. 이탈리아 우표에 투자하면 큰 돈을 벌 수 있다고 속여 신규 투자자의 자금으로 기존 투자자에게 고율의 배당금을 지급하는 방법으로 거액의 투자자금을 끌어모아 탕진하고 파산하였다. 피터의 돈으로 폴에 대한 채무를 상환하는(robbing peter to pay paul) 다단계 금융 사기의 원조이다.

2 Nathaniel Popper & Peter Lattman, *Never Mind Facebook: Winklevoss Twins Rule in Digital Money*, N.Y.TIMES (April 11, 2013), available at http://nyti.ms/1foLgjS

수 없었던 사람들이 비트코인으로 몰려들었다. 이들 그룹들은 비트코인의 서로 다른 면을 선호하였지만 모두 국가와 은행 중심의 화폐가 가져다 주지 못했던 분야에서 기회를 발견하고자 하였다. 확실히 투기적 수단이 된 것은 부인하기 어렵지만 그럼에도 불구하고 비트코인은 그 인기를 촉발한 많은 혁신적인 특징을 가지고 있다.

제2장에서 논의하였듯이 비트코인 프로그램의 채굴 메커니즘은 온라인상에서의 거래가 비용 없이 또는 아주 낮은 비용(몇 페니 정도)으로 성사되는 것을 가능하게 한다.[3] 이와 대조적으로 전통적인 은행망을 통한 지급결제에는 보통 2~3%의 수수료가 부과된다. 저개발국에서는 수수료율이 더 높거나 아예 지급결제시스템이 없는 곳도 있다. 비트코인의 송금편의와 저렴한 수수료는 대학을 포함한 많은 기관이나 상인들에게 매우 매력적인 부분이다. 2013년 11월 사이프러스의 최대 사립대학인 니코시아 대학(University of Nicosia)은 등록금을 비트코인으로 수령하는 세계 최초의 대학이 되겠다고 발표하였다.[4] 디지털화폐 분야 과학석사과정을 새로 개설하면서 니코시아의 최고재무책임자(Chief Financial Officer)는 "우리는 디지털화폐가 온라인 상거래, 금융시스템, 국제 지급결제 그리고 세계경제 발전에 중요한 혁신을 가져올 불가피한 기술적 발전이라는 것을 잘 알고 있다"고 말하였다. 2014년 6월에 뉴욕 시에 있는 킹스 대학(King's College)은 비트코인을 등록금으로 수령하는 최초의 미국 대학이 되겠다고 발표하였다.[5]

---

[3] Marc Andreessen, *Why Bitcoin Matters*, N.Y.TIMES (Jan 21, 2014), available at http://nyti.ms/1cQPoqa

[4] *Cyprus University world first to accept bitcoins for tuition*, RT (Nov 22, 2013), available at http://on.rt.com/e9dpeb

[5] Jack Linshi, *King's College Becomes First U.S. School to Accept Bitcoin*, TIME (June 13, 2014), available at

킹스 대학 총장 그레고리 앨런 손베리(Gregory Alan Thornbury)는 비트코인으로 학비를 수령하는 것은 학교의 비용을 줄이는 동시에 학생들에게 매력적인 첨단 기술을 접하게 하는 기회가 될 것이라고 하였다.

비트코인 옹호론자들은 디지털화폐를 이용한 개방형 지급결제 네트워크가 그동안 금융기관이 독점해 오던 지급결제시스템에 의존할 수밖에 없었던 소비자들에게 혜택을 가져다 줄 것이라고 주장한다.[6] 전통적인 지급결제 시스템은 덜 경쟁적인 시장이고 따라서 소비자들이 서비스 제공자를 바꾸기도 어려웠다. 그러나 비트코인은 현격히 낮은 송금수수료 외에도 디지털 지갑 서비스, 비트코인 거래소 등 빠르게 성장하는 연계서비스 제공자와의 제휴를 가능하게 한다.

비트코인은 환불 염려가 없이 거래를 종결 지을 수 있는 최초의 진정한 의미의 디지털 '현찰'이다. 이것은 거래당사자들이 서로 상대방에 대하여 전혀 모른 채 자금을 수수할 수 있는 일종의 무기명 상품으로서 기능한다. 이용자들은 단순히 (1) 비트코인이 있으면 그것으로 뭔가를 살 수 있고, (2) 비트코인이 없으면 아무것도 살 수 없을 뿐이다. 비트코인은 신용카드 사기와 같은 결제위험이 아예 없다는 점에서 도소매 판매상들에게는 매우 매력적이다. 신용카드 사업자와 은행들은 치밀한 온라인 사기적발 시스템을 가동하며 약간의 의심스러운 점만 있으면 결제를 거부하고 있으므로 판매상들은 비트코인으로 결제하면 받아들일 수 있는 고객 주문의 약 5~10%는 그냥 돌려

---

http://time.com/2871764/kings−college−accept−bitcoin
6 Brian Armstrong, *What's Not Being Said About Bitcoin*, TECHCRUNCH (Feb 28, 2014)

보내고 있다. 비트코인으로 결제를 하게 되면 판매상들이 취할 수 있는 마진이 최대가 되고 이에 따라 수익이 급속히 상승한다. 이는 작고 최첨단의 독립판매상뿐 아니라 커다란 기업에게도 마찬가지이다. 10만 명 이상의 근로자를 고용하고 2013년에 570억 달러의 수익을 신고한 델(Dell)은 2014년 7월 비트코인 결제 방침을 밝힌 후 비트코인으로 판매 대금을 수령하는 최대의 기업이 되었다.[7]

이미 비트코인 관련 벤처회사에 최소 5천만 달러를 투자한 앤드리슨 호로비츠(Andreessen Horowitz)라는 벤처캐피탈 회사의 공동창립자인 마크 앤드리슨(Marc Andreessen)에 따르면 크루그먼과 다른 비평가들에 의하여 비난 받은 비트코인의 투기성은 비트코인의 진정한 가치를 발견하기 위하여 도움이 되거나 더 나아가 필요한 것이라고 한다.

현 시점에 비트코인의 가치가 실제 거래규모보다는 투기적인 요인에 기반하고 있다는 것은 아마 사실일 것이다. 그리고 지급결제가 가능한 통화에 대하여 투기적 요인이 고가를 형성하게끔 하였다는 것도 사실이다. 비트코인 거래규모가 일정 수준에 이르기 전까지 어느 정도의 가치를 가질 필요가 있다. 이것은 새로운 기술에 대한 전통적인 닭과 달걀의 문제이다. 새로운 기술은 충분히 가치를 가지기 전까지는 가치가 없다. 비트코인이 투기적 요인에 의하여 그 가치가 상승했다는 사실이 그 유용성이 현실화되는 데에 촉매가 될 것이다.[8]

앤드리슨은 투기가 결국은 긍정적인 순환고리 효과에 의하여 비트

---

[7] Pete Rizzo, *Dell: Bitcoin Aligns Our Brand With Innovation*, COINDESK (July 21, 2014), available at
http://www.coindesk.com/dell-bitcoin-aligns-brand-innovation
[8] Marc Andreessen, *Why Bitcoin Matters*, N.Y.TIMES (Jan 21, 2014), available at http://nyti.ms/1cQPoqa

코인에 혜택이 될 것이라고 주장하였다. 전화나 인터넷과 같이 더 많은 사람이 비트코인을 이용하면 할수록 비트코인은 가치 있는 것이 되고 새로운 이용자들이 참여하는 유인이 될 것이다. 이런 관점에서 비트코인은 그들 스스로의 이익을 위하여 비트코인 보급에 적극적인 네 가지 그룹으로 구성된 4면 네트워크라 할 수 있다. 비트코인으로 결제하는 소비자, 그것을 받아들이는 상인, 거래를 검증하고 시스템을 유지하는 채굴자, 비트코인의 사용을 용이하게 하기 위하여 상품과 서비스를 추가하는 개발자와 벤처기업이 그들이다. 이 네트워크가 강력한 추진력을 발휘하여 어떤 새로운 디지털화폐가 비트코인의 아성에 도전하는 것을 어렵게 만들 것이다.

비트코인은 또한 금융기관이나 금융상품에 접근이 어려운 개인들에게 보급될 잠재력이 높다. 미국을 포함하여 선진국에도 은행에 계좌를 가지고 있지 않은 소위 unbanked 개인들은 기본적인 금융거래를 하는 데도 높은 수수료를 지불하여야 한다. 은행계좌를 열 수 없을 만큼 신용이 불량한 개인들에게도 비트코인은 열려 있다. 게다가 세계에는 오직 20여개 국가만이 완전히 잘 발달된 은행 및 지급결제시스템을 갖추고 있다.[9] 비트코인은 언제든지 누구에 의해서라도 인터넷에 접속만 가능하다면 이용할 수 있는 글로벌 지급결제시스템이므로 오늘날의 경제시스템이 가져오는 혜택을 지구상의 누구에게든지 확장시킬 수 있는 강력한 촉매가 될 것이다.[10]

비트코인이 무한히 나눌 수 있는 디지털화폐로서 소액송금이나 소

---

9 [역자주] 우리나라는 분명 이 20대 선진국에 포함된다.
10 Marc Andreessen, *Why Bitcoin Matters*, N.Y.TIMES (Jan 21, 2014), available at http://nyti.ms/1cQPoqa

액대출을 쉽게 가능하게 한다는 점에서 보면 더욱 그렇다.[11] 소액송금에 관하여 현재의 은행시스템은 비용 대비 효율적이지 않다. 비트코인 거래수수료는 비트코인 채굴량이 2,100만 한도를 채울 때까지는 믿을 수 없을 만큼 낮을 것이기 때문에, 그리고 그 이후에도 기술의 진보에 따라 낮은 수수료를 계속 유지할 것이므로 전 세계 이용자들로 하여금 아무리 소액이더라도 부담 없이 송금할 수 있도록 하여줄 것이다.

비트코인의 초국가적 특성은 국제 지급결제에 특히 매력적이어서 국제 비즈니스맨이나 세계여행자들이 높은 수수료를 지급하고 환전을 계속하여야 하는 부담을 없애줄 것이다.[12] 이것은 가난한 나라로부터 온 가난한 노동자들이 커다란 잠재시장이 될 수 있다는 것을 의미한다. 많은 저임금 노동자들이 돈을 벌어 고국에 있는 가족들에게 송금하기 위하여 해외로 나가고 있다. 2012년에 그러한 해외근로자 송금 규모는 공식적인 통계수치만 5,300억 달러에 달하였고, 은행 또는 송금사업자를 통하지 않은 송금까지 포함한다면 그 규모는 훨씬 클 것이다.[13]

은행과 송금사업자는 때로는 10%에 육박하는 거액의 송금수수료를 공제한다. 해외에 거주하는 약 1억 4천만 명의 아프리카 재외동포

---

11 [역자주] 1 비트코인은 소수점 이하 8자리까지 쪼갤 수 있다. 즉 1 비트코인을 1억분의 1까지 쪼개서 송금할 수 있다.
12 Nicholas Tomaino, *The Benefits of Bitcoin in International Travel*, COINDESK (Mar 29, 2014), available at
http://www.coindesk.com/benefits−bitcoin−international−travel
13 Joe Carter, *How Bitcoin Could Help the World's Poor*, ACTION INST. POWER BLOG (April 10, 2014), available at
thttp://blog.acton.org/archives/67759−bitcoin−help−worlds−poorest−people.html

들은 그들 조국의 최대의 외화소득원이다. 외국정부나 서구 또는 금융기관의 원조는 이들 재외동포의 송금규모에 비하면 형편없이 작다. 그럼에도 불구하고 은행들은 아프리카 가족에게 돌아가야 할 돈 중에서 매년 70억 달러의 수수료를 떼어가고 있다. 모바일 폰이나 다른 혁신적인 방법들에 의하여 개도국에서의 인터넷 접속이 점점 쉬워짐에 따라 송금분야에 있어서 비트코인을 이용하는 것만으로도 이들 나라와 거주자들에게 매년 수십억 달러의 비용을 절감시켜 줄 수 있다.

물론 많은 사람들이 프라이버시 때문에 비트코인에 끌리고 있다. 구글 데이터 분석, 국가안보국(National Security Agency)의 검열, 페이스북 같은 대규모 소셜 미디어 네트워크로 특징 지워지는 인터넷 시대에 인터넷을 이용하는 많은 사람들은 그들의 행적이 추적되지 않는 길을 찾고 있다. 2013년 9월에 퓨 리서치 센터(Pew Research Center)가 수행한 조사에 따르면 미국 인터넷 이용자의 86%가 다른 사람이나 기관에 의하여 검열되는 것을 피하기 위한 조치를 취한 적이 있다고 한다.[14] 유사-익명, 비국가 화폐라고 불리는 것으로부터 추론할 수 있듯이 초기의 많은 비트코인 산업은 온라인에서 불법적인 매매를 하려는 자들이 원동력이 되었다. 2012년 또는 2013년까지 비트코인의 존재에 대하여 처음 들어본 사람들의 상당수는 실크로드(Silk Road)라는 불법물품 거래를 위한 암호화된 웹사이트를 통해서였다.

실크로드는 2011년 2월에 출시되어 오직 비트코인으로만 거래가 가능한 최초이자 가장 성공적인 온라인 서비스 제공 사업자가 되었

---

14 Pew Research Internet Project, Anonymity, Privacy, and Security Online (2013), available at
http://www.pewinternet.org/2013/09/05/anonymity−privacy−and−security−online−2

다.[15] 이 사이트는 이용자들이 익명으로 통신하고 비밀거래를 하도록 만들어졌는데 이 사이트를 통한 거래의 2/3는 불법 마약 매매거래였다. 당국자에 따르면 실크로드는 전 세계에 걸쳐 백만 명이 넘는 고객에게 2년 반 동안 950만 비트코인(미화로 12억 달러 상당)의 가치가 있는 금제품을 제공하였다. 29세의 자유지상주의자로 이 사이트를 설립하고 운영한 로스 울브리히트(Ross Ulbricht)는 2013년 10월 초에 체포되고 그의 사이트도 폐쇄될 당시 거래수수료로만 60만 비트코인(당시 약 8천만 달러 상당)을 모은 것으로 알려졌다. 울브리히트가 체포될 당시에 비트코인 유통량이 1,175만이었고 더구나 실크로드가 출범할 당시에는 훨씬 적은 숫자이었다는 점을 생각해보면 이 통화의 초기 사용의 상당부분을 불법물품 거래가 차지하였다는 점이 충격적이다. 최근에 법대 교수와 형사과학 교수가 공동으로 쓴 논문에 따르면 실크로드에서 거래된 마약의 규모가 크게 늘어나면서 오프라인에서의 마약거래와 관련된 폭력사태가 많이 줄었다는 분석이 있다.[16]

실크로드의 급성장은 경찰과 선출직 공무원들로 하여금 유괴, 어린이 포르노, 무기밀매, 위조, 절도 그리고 암살 등을 목적으로 하는 다른 웹사이트에 비트코인이 기름을 붓지나 않을까 걱정하게끔 만들었다. 이러한 걱정은 제5장에서 상세히 논의하듯이 미국 의회로 하여금 비트코인 규제 강화 입법을 서두르게 하는 계기가 되었다. 추적

---

15 Amrutha Gayathri, *From marijuana to LSD, now illegal drugs delivered on your doorstep*, INT'L BUS.TIMES (June 11, 2011), available at http://www.ibtimes.com/marijuana−lsd−now−illegal−drugs−delivered−your−doorstep−290021
16 Andy Greenberg, S*ilk Road Reduced Violence in the Drug Trade, Study Argues*, WIRED (June 2, 2014), available at http://www.wired.com/2014/06/silk−road−study

이 어려운 특징으로 인하여 비트코인은 실크로드가 폐쇄된 후에도 불법행위를 하기 위한 유용한 수단 역할을 계속하고 있다. 예를 들어 국제 해킹조직은 다른 사람의 컴퓨터에 침입하여 데이터를 암호화함으로써 그 컴퓨터를 납치한 후 비트코인으로 몸 값을 지불하라고 요구하고 있다.[17]

### 비트코인에 대한 현실세계의 위협

합법 또는 불법 거래를 위하여 비트코인이 온라인을 통하여 유통되는 규모가 막대해짐에 따라 비트코인 웹사이트나 이용자들에 대한 해커의 공격이 빠른 속도로 잦아지고 악명 또한 높아졌다. 해커의 공격이 2011년부터 2014년까지 비트코인 가격 폭락의 주 원인이었다. 2011년 6월부터 약 1년간 계속된 비트코인 가격의 하락은 마운트 곡스 거래소의 이용자계정에 대한 해커의 공격에 기인하였다. 해커들은 수십만 비트코인을 절도하여 약 10만 비트코인을 헐값에 처분함으로써 코인당 17.5달러에서 0.01달러까지 가격을 폭락시켰다.[18] 2014년 2월에 대규모 집중 해킹으로 최대 비트코인 거래소인 일본의 마운틴 곡스는 약 5억 달러 가치의 비트코인을 잃고 파산을 신청하였다.[19] 2014년 3월 초에는 해커들이 캐나다에 있는 플렉스코인

---

[17] Donna Leinwand Leger, *Russian hacker engineered dazzling worldwide crime spree*, USA TODAY (June 4, 2014), available at http://www.ustoday.com/story/news/nation/2014/06/03/fbi−busts−russian−hacked−created−zeus−cryptolocker/9919985/

[18] Jason Mick, *Inside the Mega−Hack of Bitcoin: the Full Story*, DAILY TECH (June 19, 2011), available at http://www.dailytech.com/Inside＋the＋MegaHack＋of＋Bitcoin＋the＋Full＋Story/article21942.htm

[19] Andrea Drusch, *Woes sting Bitcoin, digital dollars*, POLITICO (Mar 6, 2016), available at

(Flexcoin)이라는 훨씬 작은 거래소를 공격하여 900코인(약 60만 달러)을 훔침으로써 그 거래소는 문을 닫았다. 그러나 비트코인 소유자에 대한 익명성(비트코인을 훔친 해커의 익명성을 포함하여)과 어떤 정부도 디지털화폐에 대하여는 책임을 지지 않는다는 사실 때문에 훔친 비트코인을 원래의 소유자에게 되돌리기 위한 아무런 조치도 취해지지 않았다. 디지털 지갑 서비스와 같은 사설 비트코인 서비스를 이용하는 사람들도 그 사업자가 어느 날 비트코인을 들고 사라져 버린다면 똑같은 위험에 처해질 수 있다.

또한 비트코인은 비트코인 프로그램을 만드는 작업에 자발적으로 참여한 사람들의 기술에 많이 의존하고 있다. 비트코인 주 개발자가 저지른 프로그램 오류가 2013년 3월에 비트코인 투매사태를 가져오기도 하였다. 프로그램 오류로 인하여 두 개의 서로 다른 블록체인을 만들어서 결국 이 중 한 체인이 다른 체인에 비하여 훨씬 길어짐으로써 다른 체인을 무효화시킬 때까지 두 개의 비트코인 경제가 존재하였다.[20] 두 개의 블록체인이 서로 진짜 체인으로 인정받기 위하여 경쟁하였으므로 수학이 이 문제를 6시간 만에 해결할 때까지 마치 중세에 두 명의 교황시대가 있었던 것 같은 상황이 만들어졌다. 2014년 초에는 기본적인 프로그램 오류가 비트코인을 디지털 계좌 간에 이체시키는 큰 문제를 일으켰다.[21] 프로그램에 오류가 없다고 하더라

http://www.politico.com/story/2014/03/bitcoin-exchanges-satoshi-nakamoto-104362.html

[20] Vitalik Buterin, *Bitcoin Network Shaken by Blockchain Fork*, BITCOIN MAG. (Mar 12, 2013), available at
http://bitcoinmagazine.com/3668/bitcoin-network-shaken-by-blockchain-fork/
더 긴 체인이 진짜 비트코인으로 살아남았다는 것은 비트코인이 기본적으로 합의에 의한 검증방식이라는 것을 보여준다.

[21] Nathaniel Popper, *Regulators and Hackers Put Bitcoin to the Test*, N.Y.TIMES

도 이용자들은 그들의 채굴능력을 증진시키기 위하여 프로그램을 자신에 맞게 변형하는 소프트웨어를 사용하는 경우가 많다. 이런 소프트웨어들이 악성코드에 오염되어 해커들이 쉽게 시스템에 접근하여 이용자들의 채굴 능력을 감쪽같이 훔쳐가는 경우도 있다.[22]

비트코인의 불안정성과 보안취약성은, 디지털화폐의 특성을 채택함으로써 새로운 고객들을 흡수할 수 있다고 생각하는 은행들에게 기회를 제공할 수 있다. 2013년 12월 은행권에서 최초의 비트코인 연구보고서가 나왔는데 뱅크오브아메리카 메릴린치(Bank of America Merill Lynch)[23]의 연구원은 비트코인은 전통적인 송금사업자의 강력한 경쟁자일 뿐 아니라 향후 주요한 송금수단이 될 가능성이 있다고 분석하였다.[24] 골드만 삭스(Goldman Sachs) 연구원은 2014년 3월에 널리 사용되는 대체통화로서 도약하기보다는 현재의 시장 참가자들이 비트코인의 혁신성을 채택하거나 받아들임으로써 비트코인이 지급결제 분야에서 큰 발전을 가져올 가능성이 더 크다고 분석하였다.[25]

비트코인은 전통적 자금이체방식을 넘어서는 특징들을 가지고 있

---

(Feb 17, 2014), available at http://nyti.ms/1gODVfW

[22] Charles Stross, *Why I want Bitcoin to die in a fire*, CHARLIE'DIARY (Dec 18, 2013, 1:53 PM), available at
http://www.antipope.org/charlie/blog−static/2013/12/why−i−want−bitcoin−to−die−in−a.html

[23] [역자주] Bank of America 가 2009년 1월 Merill Lynch를 인수하여 Bank of America Merill Lynch가 되었다.

[24] Adrianne Jeffries, *Bank of America says Bitcoin could become a 'major means of payment'*, VERGE (Dec 5, 2013), available at
http://www.theverge.com/2013/12/5/5178536/bank−of−america−says−bitcoin−could−becomes−a−major−means−of−payment

[25] John Phillips, *How Bitcoin really changed the world*, CNBC (Mar 28, 2014), available at http://www.cnbc.com/id/101517959

다. 은행들이 사용하는 ACH (Automated Clearing House)[26] 시스템에서는 2013년 4분기에 9.8조 달러의 자금을 이체하였다. 그러나 이 시스템에서 하루가 걸리는 결제를 비트코인에서는 몇 분이면 할 수 있다.[27] 은행 종사자들은 블록체인이 창조한 분산장부 방식이 은행권에서도 자금을 더 안전하게 이체시키는 데 사용될 수 있는지 연구하고 있다. 미국은행연합회(American Bankers Association)의 부회장인 스티브 케닐리(Steve Kenneally)는 모든 은행이 비트코인과 그 기술과 관련된 일들이 어떻게 진행되고 있는지 지켜보고 있고, 대형은행들은 연구하고 있으며 규모가 클수록 더 깊숙이 연구하고 있다고 하였다. 세인트 루이스(St. Louis) 연방준비은행의 부총재는 2014년 3월 연구보고서에서 비트코인의 화폐 및 지급결제시스템에의 침입 위협을 경고하고, 비트코인은 전통적 금융기관에 대하여 "적응하든지 아니면 사멸하든지 선택을 강요하고 있다"고 결론지었다.[28] 2013년 12월에 제이피 모건 체이스(JP Morgan Chase)[29]는 신용카드 및 현금카드와 경쟁할 새로운 온라인거래 시스템에 대하여 미국에 특허 신청하였다.[30]

---

26 [역자주] 미국 연방준비제도이사회가 운영하는 미국 은행간 지급결제망이다.
27 Olga Kharif, *Bitcoin Breakthrough Studied by Banks the Currency Is Out to Replace*, BLOOMBERG (May 7, 2014), available at
http://www.bloomberg.com/news/2014−05−07/bitcoin−breakthroughs−seen−copied−by−banks−it−is−meant−to−replace.html
28 David Andolfatto, Bitcoin and Beyond: The Possibilities and Pitfalls of Vitrual Currencies (2014), available at
http://www.stlouisfed.org/dialogue−with−the−fed/assets/Bitcoin−3−31−12.pdf
29 [역자주] 1996년 이래 JP Morgan은행과 Chase Manhattan은행을 주축으로 수차례의 합병을 통하여 JP Morgan Chase가 탄생하였다.
30 Eliana Dockterman, *JP Morgan Files Patent for Bitcoin−like Payment System*, TIME (Dec 10, 2013), available at
http://business.time.com/2013/12/10/jpmorgan−may−create−a−virtual−currency−that−rivals−bitcoin

이 시스템은 온라인 지갑에 저장되는 가상현찰을 창조하고, 블록체인과 유사하게 거래기록을 분산 저장하는 등 비트코인의 많은 특징을 모방한 것이다.

다른 디지털화폐가 비트코인에 도전해오지 않는다고 하더라도 은행이 비트코인의 많은 특징을 흉내 내는 데 성공한다면 비트코인은 그 가치와 거래량이 크게 줄어들 것이다. 한편 벤처 투자가들은 서클 인터넷 파이낸셜(Circle Internet Financial) 같은 신설회사에 투자하고 있는데 이 회사는 비트코인을 은행계좌나 다른 금융서비스와 연계시키는 온라인 플랫폼을 개발하고 있다.

### 기관투자가들의 반응

비트코인에는 중앙통제소가 없으므로 코인을 안전하게 보관하는 지갑 앱이나 실제 화폐와 교환할 수 있는 거래소 같은 서비스는 모두 사적인 제3자에 의하여 제공되어야 한다. 지난 몇 년간 비트코인 가격의 급속한 상승은 많은 부유한 개인 또는 기관투자가에 의한 골드러시(gold rush)를 촉진하였다. 페이스 북 창립멤버인 카메론 윙클보스와 타일러 윙클보스 형제(Cameron and Tyler Winklevoss)는 비트코인 사업에 뛰어든 초창기 투자자들 중 하나였다. 2013년 4월 뉴욕 타임즈 사설에는 이 두 사람이 이미 1,100만 달러 가치의 디지털화폐를 보유하고 있다고 밝혔다. 당시에 이는 비트코인 전체 물량의 1%에 해당하였다. 또한 엑상트(Exante)라는 몰타 회사가 해커의 공격과 잠재적인 정부규제의 위험에도 불구하고 헤지펀드를 구성하여 82,000 비트코인(당시 1,000만 달러 가치)을 구입하였다고 밝혔다. 2013년 11월 초 비트코인이 40억 달러의 최고 시가총액을 기록하였을 때 타일러 윙클보스는 인터뷰에서 디지털화폐는 최소 100배의 가치가 더 있다고 하였다.[31] 빌 밀러(Bill Miller) 같은 이름난 투자가도 2014년 2월에 마운트 곡스 파산으로 가격이 폭락한 시점에 비트코인을 사기 시작하였다. 물론 모든 이름있는 투자가들이 비트코인에 대하여 열성적인 것은 아니다. 워렌 버핏(Warren Buffet)은 비트코인은 아무런 내재가치가 없어 통화로 취급할 수 없는 신기루에 불과한 것이라고 묵살하였다. 심지어 버크셔 헤서웨이(Berkshire Hathaway)의 파트너인 찰리 몽거(Charlie Monger)는 비트코인을 쥐약이라고 불렀다.[32] 2014년 7월에 블룸버그는 562명의 투자가를 조사하였는데 이 중 과반수가 넘는 사람이 비트코인은 더 이상 지탱할 수 없는 버블상태에서 거래되고 있다는 점에 동의하였다.

비트코인이 유행하면서 지난 몇 년간 비트코인에 투자할 기회는 다양하게 전개되었다. 온라인에서 비유동자산의 매매 장터를 운영하던 세컨드마켓(SecondMarket)이 지금은 비트코인투자신탁(Bitcoin Investment Trust; BIT)을 운영하고 있다. BIT는 거래소에서 거래되는 펀드와 유사하게 전문투자가들만 참여한 사모형태로 현재 5천만 달러 이상의 투자자금을 운용하고 있다. 포트리스 인베스트먼트 그룹(Fortress Investment Group)은 비록 2014년 2월에 대규모 손실을 공시하기도 하였지만 벤치마크 앤 리빗 캐피탈(Benchmark and Ribbit Capital)과 손잡고 샌프란시스코에 기반한 가상화폐 투자 펀드인 판테라 비트코인 파트너스(Pantera Bitcoin partners)를 설립하였는데 2013년 12월

---

[31] Matthew J. Belvedere, *The Winklevosses: Bitcoin worth at least 100 times more*, CNBC (Nov 12, 2013), available at
http://www.cnbc.com/id/101532377

[32] *Andreessen vs. Buffett: Is Bitcoin a miracle or mirage?* CNBC (Mar 26, 2014), http://www.cnbc.com/id/101527433

에 판테라 펀드는 거의 1.5억 달러의 가치가 있는 것으로 공시되었다.

새로운 투자자금이 유입되는 결과 비트코인과 관련한 벤처회사들은 빠르게 뜨거워지고 있다. 판테라 펀드를 포함한 4개의 투자회사들은 공동으로 해커들이 뚫을 수 없는 안전금고에 비트코인을 보관하기 위한 정보보안 솔루션 설계 회사 자포(Xapo)에 2천만 달러를 투자하였다. 자포는 2014년 여름에 2천만 달러의 투자를 더 받았는데 이로 인하여 기업의 가치는 1억 달러 이상이 되었다. 2014년 3월에 블룸버그는 비트코인 벤처회사에 대한 글로벌 투자금액은 이미 1.17억 달러를 넘어섰으며 북미회사들이 이 중 1억 달러 이상을 투자받았다고 보도하였다. 바우럼(Vaurum)은 금융기관들이 자신의 비트코인 거래소를 운영하는 것을 가능하게 하는 소프트웨어를 개발하고 있는 캘리포니아에 기반한 벤처회사인데, 배터리 벤처스(Battery Ventures), 팀 드레이퍼(Tim Draper), 스티브 케이스(Steve Case) 그리고 몇몇 개인들로부터 초기투자자금으로 400만 달러를 받았다.

2014년 5월에는 블룸버그가 거래 화면에 비트코인 가격을 게시하기로 결정하였고, 오스트리아 정부는 멜버른에 기반한 퓨처 캐피탈 비트코인 펀드(Future Capital Bitcoin Fund)가 비트코인 벤처회사에 투자할 목적으로 3,000만 달러를 모집하는 것을 승인하였다. 2014년 6월 초까지 샌프란시스코 만 주변에서만 비트코인 벤처회사들이 2억 달러가 넘는 투자자금을 유치하였다. 한 조사결과에 따르면 벤처 투자가들은 2014년 첫 4달 동안 비트코인에 5,720만 달러를 투자하였는데 5월중에만 그에 상응하는 5,600만 달러를 투자하였다. 이런 추세대로라면 비트코인에 대한 투자는 2014년에만 2.5억 달러에 달할 것이며 이는 2013년 투자액의 3배가 될 것이다. 지금까지는 북미가 벤처투자를 이끌고 있지만 유럽에서도 투자가 증가하는 조짐을 보이고 있다. 비트코인 관련 산업에 대한 유럽의 투자는 2014년 1분기 1,560만 달러에서 2분기에는 3,090만 달러로 두 배에 달할 만큼 증가하고 있다.

제2장에서 논의하였듯이 기관투자가들은 이미 코인 채굴장비를 구입해서 빌려주는 비즈니스에 직접 투자하고 있다. 또한 채굴장비를 설계하고 제작하는 데에도 직접 관여하고 있다. 2014년 1월 블룸버그 비즈니스위크지의 커버스토리에는 21e6이라고 불리는 비밀 벤처회사를 소개함으로써 실리콘 밸리가 비트코인 채굴무기 경쟁에 돌입하였음을 부각하였다. 21e6은 2,100만을 축약한 수학용어로 비트코인 발행한도를 의미한다. 21e6은 저명한 비트코인 투자가들로부터 세계에서 가장 빠른 채굴 칩을 개발하는 프로젝트를 위하여 5백만 달러를 모금하였다. 그들 중에는 윙클보스 형제, 마크 앤드리슨과 그의 벤처회사인 앤드리슨 호로비츠(Andreessen Horowitz), 초창기 텔사 모터스(Telsa Motors)의 후원자 빌 리(Bill Lee), 페이팔(Paypal) 마피아 데이비드 삭스(David Sacks), 그리고 기업가들의 소셜 네트워크인 엔젤리스트(AngelList)의 창립자 나발 라비칸트(Naval Ravikant) 등이 포함되어 있다.[33]

지금까지 비트코인 경제를 만드는 데 기여하였던 많은 평범한 채굴자들은 이제 채굴능력이 재무적 투자능력에 좌우됨으로써 점점 밀려나고 있다. 정부의 감독이 비트코인을 안정화시키고 그들의 투자재

---

[33] Ashlee Vance & Brad Stone, *The Bitcoin—Mining Arms Race Heats Up*, BLOOMBERG BUS. WK. (Jan 9, 2014), available at
http://www.businessweek.com/articles/2014−01−09/bitcoin−mining−chips−gear−computing−groups−competition−heats−up

산을 보호할 수 있다고 믿는 투자가들과, 정부 간섭으로부터의 독립과 자율규제를 지키고자 하는 비트코인 자유지상주의자들의 매우 다른 성장배경과 이념은 이들 사이의 줄다리기 싸움에 불꽃이 튀게 하고 있다.

# V

# 비트코인에 대한 규제 움직임

나는 비트코인이 대단한 기술적 역작이라고 생각한다.
그러나 정부가 주도적인 역할을 하여야 할 부분이 있다고 생각한다.
- Bill Gates, 2013 [1]

### 분열하는 지지층 및 규제논의

비트코인의 초창기 참여자들은 정부가 주도하는 통화에 대한 대안을 찾아 나선 헌신적인 자유지상주의자 및 암호화 무정부주의자들이었다. 그러나 비트코인이 주류사회에 편입되기 시작하면서 한때 이념적으로 동질적이었던 비트코인 집단은 급격히 변하였다. 이러한 분열은 디지털화폐의 초기 자유주의를 계승한 그룹과 비트코인 사업을 합법화하기 위한 수단으로 정부의 규제를 받아들이자는 다소 상업주의적인 그룹 간의 비트코인 내전으로 비화되고 있다.[2] 플러그앤플레이 테크센터(Plug and Play Tech Center)의 비트코인 사업본부 스캇 로빈

---

[1] Munger, *Buffett Disagree on Corporate Tax Rate*, FOX BUS. (May 6, 2013), available at
http://video.foxbusiness.com/v/2359385547001/mungerbuffett−disagree−on−corporate−tax−rates/#sp=show−clips

[2] Rob Wile, *The Emerging Bitcoin Civil War*, BUS. INSIDER (Jan 29, 2014), available at
http://www.businessinsider.com/bitcoins−new−civil−war−2014−1

슨(Scott Robinson)은 비트코인 지지자를 암호화 무정부주의자 그룹과 은행가, 월 스트리트, 벤처사업가 그룹의 두 그룹으로 나누었다.

이 두 그룹은 2014년 1월에 뉴욕주 금융국이 비트코인 규제에 관한 청문회를 개최하였을 때 극명히 대조적인 반응을 보였다. 비트코인 지갑회사인 코인베이스(Coinbase)에 5백만 달러를 투자한 유니온 스퀘어 벤처스(Union Square Ventures)를 이끌고 있는 프레드 윌슨(Fred Wilson)은 청문회에서 약간의 규제만으로도 비트코인 산업을 죽일 것이라고 경고하였다. 이러한 걱정은 나중에 뉴욕주 금융감독청에게 보낸 '제발 비트코인을 규제하지 말아주세요'라는 제목의 청원서에 그대로 반영되었다. 이 청원서에서 비트코인금융연합회(Bitcoin Financial Association)는 디지털화폐는 무거운 규제를 견뎌내기에는 너무 취약하고 여리다고 주장하였다.[3]

청문회 다음날 코인베이스의 공동창립자는 내가 비록 프레드 윌슨을 좋아하지만 비트코인 거래가 가능하게 하려면 어느 정도의 요건이나 절차 같은 것은 마련될 필요가 있다고 하면서 윌슨의 견해에 반대하였다. 비트코인에 전액 투자하는 개방형 사모신탁을 설립한 배리 실버트(Barry Silbert)는 "비트코인은 어떠한 규제도 받지 않아야 한다고 믿는 극단적인 자유주의 무정부주의자 그룹이 있는 것은 사실이지만, 이들 그룹은 소수이고 급격히 세력을 잃어가고 있다. 나는 이 그룹의 견해를 존중하지만, 불행히도 오늘날 사회에 어떻게 그들의 견해가 실현가능한지 이해할 수 없다"고 하였다.

디지털화폐에 대한 규제 반대론자들은 물론 이 견해에 동의하지

---

3 Nathaniel Popper, *Regulators and Hackers Put Bitcoin to the Test*, N.Y.TIMES (Feb 17, 2014), available at http://nyti.ms/1gODVfW

않는다. 2014년 3월 가상화폐 컨퍼런스 코인서밋(CoinSummit)에서 벤처기업가 안드레아스 안토노풀로스(Andreas Antonopoulos)는 그 전날 발표된 미국 국세청(Internal Revenue Service; IRS)의 비트코인에 대한 과세 가이드라인을 맹렬히 비판했다.[4] 안토노풀로스는 은행을 범죄자로 칭하고 규제당국이 비트코인에 간섭한다면 도마뱀(gecko)을 밟는 것과 같아서 짓밟힌 도마뱀은 왕 도마뱀(Komodo dragon)으로 진화하여 당국의 발을 물을 것이라고 경고하였다. 대부분의 투자자들은 안토노풀로스의 견해에 동의하지 않지만, 헌신적인 비트코인 추종자들이 모인 온라인 공동체에서는 새로운 정부규제에 강렬히 반대하는 데 한 목소리를 내고 있다.

비트코인이 자율규제 체제하에서 가장 잘 작동할 것이라고 믿는 옹호론자들은 탈 중앙집중적인 디지털화폐의 특성상 정부의 간섭이 필요한 면이 있다고 생각하면서도 마운트 곡스 붕괴와 같은 사태가 정부 간섭을 촉발시킬 것을 우려하고 있다. 비트코인을 연구한 프린스턴(Princeton) 대학의 컴퓨터 공학 교수 에드워드 펠튼(Edward Felten)은 마운트 곡스의 붕괴는 절차적으로 기술적으로 내부 통제가 취약한 비트코인 회사들을 솎아내는 과정의 일환으로 볼 수 있다. 따라서 소비자들은 어느 회사에게 자신의 비트코인을 맡길 것인지 주의 깊게 살펴야 한다고 하였다. 펠튼은 마운트 곡스 사태가 비트코인에 치명적 위기를 가져오지는 않겠지만 불행히도 비트코인 회사에 대한 정부의 규제를 유인하게 될 것이라고 하였다.

---

[4] Kristen v. Brown, *Bitcoin supporters clash over ideological practical issues*, S.F.GATE (Mar 29, 2014), available at
http://www.sfgate.com/technology/article/Bitcoin-supporters-clash-over-ideological-5360314.php

마운트 곡스는 금융규제의 가장 민감한 영역, 즉 비트코인을 미국 달러로 교환하는 가상화폐와 실제화폐의 접점을 다룬다는 점에서 많은 주목을 받아왔다. 앨 고어(Al Gore)[5]와 같이 비트코인에 대하여 우호적으로 언급해온 명사들도 최소한 디지털화폐를 진짜 화폐로 바꾸는 과정에서는 규제당국의 감시가 필요하다고 생각하고 있다.[6] 비트코인 현금인출기(ATM) 회사인 라마쑤(Lamassu)의 CEO인 자크 하비(Zach Harvey)는 그 자신이 무정부주의자라고 하면서도 비트코인 논쟁이 이상주의자들의 논쟁이 되어서는 안 된다고 주장한다.[7] 스탠포드 대학의 경제학 교수 수잔 애티(Susan Athey)는 비트코인 공동체의 핵심세력에 의한 반 규제 저항은 비트코인이 성장해 나가는 데 있어 필수적인 금융서비스를 발전시키는 것을 어렵게 한다고 하였다. 애티는 만약 돈의 입출금이 쉬워지면 비트코인이 제공하는 서비스는 훨씬 유용할 것인바 그 입출금의 편의성은 현행 금융시스템과 연계가 필요하고 따라서 규제당국과의 협업이 필요하다고 하였다. 중국의 3개 비트코인 거래소 중 하나인 후오비(Huobi)의 국제담당이사는 2014년 7월에 분명한 규제가 없는 나라의 거래소들은 새로운 국제 표준에 맞추어 영업을 하기 위하여 미국의 규제당국을 주시하고 있

---

5　[역자주] 2000년 미국 대선 민주당 후보로 나서 전국적으로 더 많은 득표를 하고도 공화당 후보인 조지 부시에게 패하였다.
6　Ben Carsley, *Al Gore Speaks on Mobile Money and the Global Mind*, PYMNTS.COM (Mar 20, 2013, 1:25 PM), available at
　　http://www.pymnts.com/uncategorized/2013/al-gore-speaks-on-mobile-money-and-the-global-mind/#.U3E1fChWCRM
7　Kristen v. Brown, *Bitcoin supporters clash over ideological practical issues*, S.F.GATE (Mar 29, 2014), available at
　　http://www.sfgate.com/technology/article/Bitcoin-supporters-clash-over-ideological-5360314.php

다고 하였다.[8]

그러나 반 정부 자유지상주의자들과 좀 더 현실적인 그룹과의 비트코인 논쟁은 곧 별로 중요하지 않게 될 것 같다. 비트코인 이용자가 늘어나면서 법원, 경찰 그리고 규제당국은 디지털화폐와 싸우기 위하여 빠르게 움직이고 있다. 이제 비트코인 옹호론자들은 논쟁을 주도하기보다는 규제당국이 주도하는 논쟁에 수동적으로 대응하는 상황을 맞게 될 것 같다.

### 암호화폐, 법 집행, 국가안보

1999년 인터뷰에서 밀턴 프리드만(Milton Friedman)은 익명으로 자금을 이전할 수 있는 기술이 인터넷상에서 개발될 것이고 이것이 인터넷의 활용을 더욱 증가시킬 것이라고 함으로써 놀라운 선견지명을 보여주었다. 물론 이것은 부정적인 측면에서 말한 것으로 불법거래에 종사하는 범죄자들이 그들의 사업을 훨씬 쉽게 수행할 수단을 가질 것임을 말한 것이다.[9] 2011년 6월에 당신이 상상하는 모든 종류의 마약을 살 수 있는 '지하 웹사이트'라는 제목의 실크로드에 관한 기사가 유명한 뉴스 웹사이트 고커(Gawker)에 게재된 후 빠르게 전국적인 관심을 끌었다.[10] 채 2주도 지나지 않아 상원의원 척 슈머

---

8 Pete Rizzo, *Huobi: Regulated US Bitcoin Market Key to Our Expansion*, COINDESK (July 25, 2014), available at
http://www.coindesk.com/huobi−us−bitcoin−market−expansion/

9 Steve H. Hanke, *Friedman and Hanke on Bitcoin*, CATO AT LIBERTY (Feb 20, 2014, 2:35 PM), available at
http://www.cato.org/blog/friedman−hanke−bitcoin

10 Adrianne Chen, *The Underground Website Where You Can Buy Any Drug Imaginable*, GAWKER (June 1, 2011), available at
http://gawker.com/the−underground−website−where−you−can−buy−any

(Chuck Schumer)와 조 맨친(Joe Manchin)은 미국 검찰총장에게 공개서한을 보내 연방 당국으로 하여금 실크로드와 그것에 기름을 끼얹는 비트코인으로 알려진 추적 불가능한 개인 대 개인(peer to peer) 화폐를 폐쇄시키도록 요구하였다.[11]

제2장에서 기술한 이유로 비트코인 거래 메커니즘은 불법적인 목적으로 비트코인을 사용하려는 사람들의 신상정보에 대하여 상당한 보호를 해 준다. 그러나 상원의원들이 경고한 '추적 불가능한'이란 표현은, 정치인의 공개편지라는 점에서 놀랄 일도 아니지만, 경고차원에서 다소 과장된 것이다. 비트코인 핵심 개발팀의 한 멤버는 같은 달 고커(Gawker)를 통하여 모든 비트코인 거래는 공공 로그파일에 저장되므로 거래당사자 정보가 익명으로 처리된다고 하더라도 복잡한 네트워크 분석기법을 활용하면 거래의 흐름을 분석하여 개별 비트코인 사용자를 추적할 수 있다고 설명하였다. 이 기사에 대한 코멘트를 요청 받은 마약단속국(Drug Enforcement Adm.) 대변인은 마약 거래조직에 의하여 시도되는 새로운 기술과 계획에 대하여 계속 감시하고 분석하고 있다고 하면서 특별조사 진행여부는 확인해 줄 수 없지만 마약단속국은 이 새로운 위협에 대하여 잘 알고 있으며 적절히 대처할 것이라고 하였다. 암호화된 실크로드 웹사이트와 추적 불가능한 비트코인에 대한 공포로 인하여 급격히 커진 정치적 우려와 달리 경찰은 웹사이트의 운영자뿐만 아니라 그가 보유하고 있는 144,000 비트코인 및 웹사이트가 보유하고 있는 30,000 비트코인을 찾아내

—drug—imag—30818160

11 Brennon Slattery, *U.S. Senators Want to Shut Down Bitcoin, Currency of Internet Drug Trade*, PCWorld (June 10, 2011), available at http://www.pcworld.com/article/230084/u_s_senators_want_to_shut_down_bitcoins.html

서 압수하였다.[12] 사실 정부가 너무 많은 비트코인을 압수하는 바람에 정부가 운영자소유 30,000 비트코인을 경매하겠다고 발표한 것만으로 2014년 여름의 세계적 가격폭락을 가져왔다. 그러나 이 경매가 비트코인 수요를 꺾지는 못했다. 30,000 비트코인(당시 시가로 1,900만 달러 상당)은 모두 벤처투자가 팀 드레이퍼(Tim Draper)가 사갔다.

실크로드 사태 이후 마약단속국 등 법 집행기관에 대한 일반의 관심은 결국 비트코인 관련 범죄행위에 대한 일련의 조사로 이어졌다. 2012년 1월에 미 연방수사국(FBI) 대테러국은 비트코인이 불법 금융거래에 이용될 가능성에 대한 분석자료를 내놓았다. 이어 2012년 4월에 사이버범죄국이 최초의 비트코인 관련 조사보고서를 내놓았다.[13] 이 보고서는 사이버 범죄자들이 돈 세탁을 위하여 비트코인을 사용하고 있고 전통적인 방식과 병행하여 사용하고 있다고 분석했지만 그러나 증거가 충분하지 않아 각각 낮은 단계 및 중간 단계의 확신에 불과하다고 하였다. 반면 비트코인의 미래 범죄 잠재력에 대하여는 훨씬 더 확신하였다.

비트코인은 그것을 불법단체에 기증을 하거나 자금을 훔치거나 이동시키는 수단으로 보는 사이버 범죄자들의 관심을 끌 것으로 보인다. 만약 비트코인이 안정적으로 성장한다면 사이버 영역을 벗어나 여러 불법 활동을 하는 데 유용한 도구로 쓰일 것이다. 비트코인은 중앙통제소가 없으므

---

[12] Alex Hern, *US Government prepares to auction $17m of seized Silk Road bitcoins*, GUARDIAN (June 24, 2014), available at http://www.theguardian.com/technology/2014/jun/24/us−auction−seized−silk−road−bitcoins

[13] (U) Bitcoin Virtual Currency: Unique Features Present Distinct Challenges for Deterring Illicit Activity, FBI (2012), available at http://www.wired.com/images_blogs/threatlevel/2012/05/Bitcoin−FBI.pdf

로 법 집행자들은 수상한 행동을 적발하거나 이용자의 신원을 확인하거나 거래기록을 입수하는 데 어려움을 겪을 것이다. 이런 점들이 비트코인을 악의적으로 사용하려는 자에게는 매력이 될 것이다.

이러한 우려에도 불구하고 보고서는 긍정적인 전망으로 마무리되었는데 그것은 비트코인을 법정화폐로 교환하는 시점에서 조사 기회를 가질 수 있을 것이라는 점 때문이다. 비트코인 이용자들은 코인을 저장하고, 거래를 개시하고, 국가 화폐와 교환하는 과정에서 제3자 서비스 제공자를 이용할 수밖에 없으므로 미국에 기반을 둔 제3자 서비스 제공자에게는 소환장을 발부하여 거래정보를 요구할 수 있을 것이라는 것이다. 이에 더하여 FBI는 송금서비스를 제공하는 기관은 모두 의무적으로 금융정보분석기구(Financial Crimes Enforcement Network; FinCEN)에 송금사업자로서 등록을 하여야 하고 반 자금세탁 프로그램을 이행하여야만 한다는 점을 강조하였다.

이 언급은 2012년 3월에 공표된 FinCEN의 '은행비밀법(Bank Secrecy Act)[14]의 집행 규범을 가상화폐를 창조하고, 획득하고, 배포하고, 교환하고, 대가로 수령하고 또는 이체하는 자에게 적용하기 위한 가이드라인'에 따른 것이다.[15] 이 가이드라인에 따르면 가상화폐를 단순히 사용하는 것은 FinCEN에 등록, 보고, 기록유지 의무를 부담하지 않는다. 그러나 송금사업자(money transmitter)는 이 의무를 부담하는데, 송금사업자라 함은 송금서비스를 제공하거나 또는 자금의 이

---

14 [역자주] 은행비밀법은 1970년에 시행된 것으로 그 명칭이 암시하는 것과 다르게 은행으로 하여금 고객 거래정보를 정부에 제출하도록 의무화한 법이다.
15 FinCEN, FIN−2013−G001, Application of FinCEN's regulation to persons administering, exchanging, or using Virtual Currencies (2013), available at https://www.fincen.gov/resources/statutes−regulations/guidance/application−fincens−regulations−persons−administering

체에 관여하는 자를 말한다. '송금서비스'라 함은 "일방으로부터 화폐나 다른 가치 있는 물건을 수령하여 어떠한 방법으로든지 다른 지역이나 다른 사람에게 전달하는 것"으로 정의되어 있다. FinCEN은 송금사업자의 정의규정이 국가가 발행한 진짜 화폐와 비트코인과 같이 진짜 화폐와 교환 가능한 가상화폐를 구분하지 않으며, 화폐가 아니라고 하더라도 그 대체물로서 가치 있는 것을 수령하여 전달하는 것만으로 송금사업자가 되는 것이므로 어떠한 이유로든 가상화폐를 수령하고, 이전하고, 사고, 파는 사업자나 거래소는 모두 송금사업자로 규제되어야 한다고 결론지었다.

이 가이드라인이 즉시 유효하게 집행되는 것 같지는 않다. 미국의 비트코인 회사들은 18 U.S.C. 1960[16] 및 은행비밀법에 의하여 송금사업자에 해당되므로 FinCEN에 등록하여야 할 뿐 아니라 47개 주에서 별도로 허가를 받아야 한다. 전부 허가를 받는 데에는 2,000만 달러 정도가 소요된다.[17] 이 가이드라인이 나온 시점에 전국적으로 단 한 군데의 비트코인 관련 사업체도 영업을 위한 허가를 받은 곳이 없는 것을 보면 이 가이드라인은 심각한 규제 마찰을 일으키고 있는 것이다. 디지털화폐를 다룰 준비가 전혀 되어 있지 않은 현행 규범을 비트코인에 적용시키고 있다고 보아야 할 것이다.[18]

---

16 [역자주] 미국 법령집 제18권 제1960조를 말한다. 동 조의 제목은 '허가 받지 않은 송금사업 금지'이다.
17 Aaron Greenspan, *Guest post: Outtakes from the American Express Informercumentary & the Andreessen Bitcoin circus*, FTALPHAVILLE (Mar 26, 2014), available at
 http://ftalphaville.ft.com/2014/03/26/1812362/guest−post−outtakes−from−the−american−express−informercumentary−the−andreessen−bitcoin−circus
18 *Bitcoin and Money Laundering: Mining for an Effective Solution*, 89IND.L.J. 441 (2014), available at http://ilj.law.indiana.edu/articles/19−Bryans.pdf

이러한 지적에 따라 2014년 2월 FinCEN은 2013년 3월 시행한 가이드라인을 보완하기 위한 두 가지 결정을 하게 되었다.[19] 그 하나는 비트코인을 오직 그 자신의 목적으로 사용한 비트코인 채굴자(개인이건 회사건)는 그의 행위가 화폐의 수령도 이동도 아니므로 송금서비스업(Money Service Business)에 해당하지 않는다는 것이다. 따라서 그 자신의 일상적인 상거래에서 발생한 채무를 변제하는 행위, 상품이나 서비스를 구매하는 행위, 주주에게 배당을 하는 행위 등은 규제대상이 아니다. 그러나 구매자가 판매자의 지시에 의하여 제3자에게 비트코인을 지급하는 경우, 그 제3자는 송금서비스업에 해당하는 것으로 해석될 수 있다는 결정이다.

다른 하나는 가상화폐의 구입을 용이하게 하는 소프트웨어의 제작 배포 등에 투자한 자가 은행비밀법에 의한 송금사업자로 취급되어야 하는지에 대하여 소프트웨어의 제작과 배포는 그 목적이 가상화폐의 구매를 촉진시키는 것이라고 하더라도 그 자체가 어떤 가치를 수령이나 전달하는 것이라고 할 수는 없다고 결정하였다. 다만 소프트웨어 자체를 배포하는 것은 문제가 되지 않지만 타인의 부탁에 의하여 가치를 전달하는 일에 종사하는 경우에는 송금사업자에 해당하는지 면밀히 검토하겠다고 하였다.

요약하자면 어떤 회사가 타인을 위하여 실제화폐로 교환 가능한

---

19 FinCEN, FIN−2014−R001, Application of FinCEN's regulations to virtual Currency mining operations (2014), available at
https://www.fincen.gov/resources/statutes−regulations/administrative−rulings/application−fincens−regulations−virtual−0
https://www.fincen.gov/resources/statutes−regulations/administrative−rulings/application−fincens−regulations−virtual

가상화폐를 수령하여 전달하는 일을 하거나 가상화폐를 실제화폐로 또는 가상화폐를 다른 가상화폐로 교환하는 일을 하는 경우에 그 회사는 FinCEN의 규제를 받은 송금사업자에 해당할 수 있고 이렇게 되면 이 회사는 위험에 기반한 반 자금세탁 프로그램을 이행하여야 하고 거래를 기록하고, 보고하고, 감시하여야 하는 의무를 포함하여 2013년 4월 가이드라인에서 제시된 모든 의무를 다 준수하여야 한다.

개정된 FinCEN 가이드라인은 비트코인 벤처회사나 이용자들에게 '가볍게 주의를 주는 정도의 규제'를 기대한 비트코인 투자자들의 희망과는 거리가 멀어 보인다. 오히려 비트코인 거래소에 대하여 분명하고 단호한 규제의지를 천명하였다고 보아야 할 것이다. 이와 관련하여 캐나다에서도 비트코인 관련회사를 송금서비스업(Money Service Business)으로 규정하여 자금세탁과 테러방지를 위한 법 규제하에 편입하고자 관련법의 개정이 이루어졌다는 점도 언급할 필요가 있겠다.[20] 캐나다의 비트코인 지지자들은 이 규제를 되돌리기 위한 노력을 계속하고 있다.

2013년에 실크로드가 폐쇄되자 미국 상원 국토안보 및 정무위원회(Senate Committee on Homeland Security and Governmental Affairs)는 2013년 11월에 청문회를 열어 연방 금융당국과 법 집행기관이 비트코인과 같은 디지털화폐를 어떻게 감시하고 있는지에 대하여 조사하였다.[21] 증인으로 금융정보분석기구(FinCEN) 국장 제니퍼 쉐스키 칼버

---

[20] Pete Rizzo, *Canada Amends National Law to Regulate Bitcoin Business*, COINDESK (June 23, 2014), available at
http://www.coindesk.com/canada-amends-national-law-regulate-bitcoin-businesses

[21] Zachary Warmbrodt, *Decoding Bitcoin*, POLITICO (Aug 16, 2013), available

리(Jennifer Shasky Calvery), 법무부 범죄국의 검찰총장보 서리 미씰리 레이먼(Mythili Raman), 미국비밀경호국(U.S. Secret Service) 범죄조사국 특보 에드워드 로어리 3세(Edward W. Lowery III) 등 다양한 기관의 고위공무원들이 참석하였다. 또한 비영리 로비단체인 비트코인재단의 총재 패트릭 머크(Patrick Murck) 같은 인물도 비정부 대표로서 증언하였다.[22]

증언내용은 압도적으로 긍정적인 것이었다. 법무부를 대표한 레이먼은 "우리는 비트코인의 불법적인 사용에 주목하고 있다. 그러나 많은 경우 합법적으로 사용되고 있으며 가상화폐 자체가 불법은 아니다"라고 증언하였다.[23] 정부공무원들은 한결같이 비트코인은 합법적인 목적으로 사용되고 있으며, 법 집행기관의 디지털화폐 단속을 위한 새로운 입법이 필요한 것은 아니라고 강조하였다. 비트코인재단의 설명도 매우 효과적이어서 비트코인 로비스트인 패트릭 머크와 마크 앤드리슨이 지난 몇 년간 정부공무원들과 가져온 만남이 성과가 있음을 보여줬다. 상원 국가안보 및 정무위원회는 2014년 2월에 유럽연합(EU)과 40개국의 비트코인 규제 사례를 조사하여 보고서를 발간하였다.[24] 이 보고서는 비트코인 시스템이 국가화폐에 미치는 악영향,

at http://www.politico.com/story/2013/08/decoding-bitcoin-95595.html
22 *Beyond Silk Road: Potential Risks, Threats, and Promises of Virtual Currencies*, U.S.SENATE COMM.on homeland sec. & governmental affairs (Nov. 18, 2013), available at
http://www.hsgac.senate.gov/hearings/beyond-silk-road-potential-risks-threats-and-promises-of-virtual-currencies
23 Timothy B Lee, *Here's how Bitcoin charmed Washington*, WASH. POST (Nov 21, 2013), available at
http://www.washingtonpost.com/blogs/the-switch/wp/2013/11/21/heres-how-bitcoin-charmed-washington
24 *New Report Outlines Treatment and Regulation of Bitcoin Around the World*,

범죄에 쓰일 잠재적 오용가능성, 과세상의 문제점 등이 여러 나라에서 광범위하게 문제가 되고 있다고 경고하기는 하였지만 그 어조는 전반적으로 중립적이었다.

실크로드의 폐쇄 및 2013년 11월 상원 청문회의 부드러운 분위기에도 불구하고 비트코인을 걱정하는 선출직 공무원들은 훨씬 강력한 방법으로 압박을 계속하였다. 2014년 2월에 상원 은행위원회(Senate Banking Committee)의 조 맨친 의원은 마운트 곡스가 붕괴하자 연방 규제당국이 미국에서 비트코인을 완전히 금지하는 획기적인 조치를 취해야 한다고 요구하였다.[25] 맨친 의원은 재무부, 연방준비제도이사회 및 다른 규제기관에 공개편지를 보내 비트코인이 매우 불안정하고 미국경제를 심각하게 어지럽히고 있으며 불법적인 활동을 부추기고 있다고 강조하였다.[26]

비트코인은 암시장에서 금제품을 사려는 개인들에게 피난처이다. 개인들은 마약이나 무기를 불법으로 익명으로 구입할 수 있다. 나는 종국에 가서는 다른 나라에서 모두 비트코인을 금지하고 미국만 쓸모 없는 가상화폐 다발을 들고 있지 않을까 걱정된다. 그리고 그 디플레이션 성질로 인하여 소위 비트코인 채굴자 등 투기꾼만이 가상화폐로부터 이익을 볼

U.S. SENATE, available at
http://www.hsgac.senate.gov/media/majority−media/new−report−outlines−treatment−and−regulation−of−bitcoin−around−the−world

[25] Declan McCullagh, *Sen. Manchin demands complete US ban on Bitcoin*, CNET (Feb 26, 2014), available at
http://www.cnet.com/news/sen−manchin−demands−complete−us−ban−on−bitcoin

[26] *Manchin Demands Federal Regulators Ban Bitcoin*, Office of Sen. Joe Manchin (Feb 26, 2014), available at
http://www.manchin.senate.gov/public/index.cfm/2014/2/manchin−demands−federal−regulators−ban−bitcoin

것이다. 나는 규제당국들이 협업하여 이 위험한 화폐가 성실히 일하는 많은 미국인들을 해치지 않도록 빨리 금지시키도록 촉구한다.

이 편지에서 맨친 의원은 비트코인이 유행하는 것으로 알려진 나라에서 취한 극단적인 조치를 언급함으로써 그의 강력한 대응을 정당화시켰다. 러시아 중앙은행은 2014년 1월 기업과 국민들에게 비트코인을 거래함으로써 테러자금을 공급하거나 범죄수익금을 세탁하거나 부지불식간에 불법행위에 관여하게 될 위험에 대하여 경고하였다.[27] 일주일 후 러시아 검찰총장은 비트코인은 러시아 금융규제 체계에 맞지 않고 따라서 불법이라고 천명하면서 "가장 잘 알려진 비트코인을 포함하여 익명결제 및 가상화폐 시스템은 화폐의 대체물인바 개인과 법인들에 의하여 사용되어서는 안 된다"라고 하였다. 그러나 최근에 러시아 은행이나 규제당국은 디지털화폐에 관하여 그들의 어조를 다소 부드럽게 하는 징조도 감지되고 있다.

중국 역시 비트코인에 대하여 비우호적인 시각을 보이고 있다. 중국은 미국 다음으로 세계에서 두 번째로 큰 비트코인 시장이며 여러 혁신 ─ 세계 최초의 비트코인 저장을 위한 실물영업소 등 ─ 이 미국보다 먼저 일어났다.[28] 중국에서 비-국가화폐가 성장한다는 것은 중국의 외환통제법에 대한 중대한 도전이 된다. 인베스코(Invesco) 투자자문사의 수석연구원이자 홍콩 환율시스템의 설계자인 존 그린우드(John Greenwood)는 2014년 3월에 중국 본토 거주자는 유럽이나 북

---

[27] Gabriela Baczynska, *Russian authorities say Bitcoin illegal*, Reuters (Feb 9, 2014), available at
http://www.reuters.com/article/2014/02/09/us-russia-bitcoin-idUSBREA1806620140209
[28] Alan Wong, *In Hong Kong, Placing Their Bets on Bitcoin*, N.Y.TIMES (Mar 29, 2014), available at http://nyti.ms/1flaCb8

미나 또는 세계 어느 곳으로부터 비트코인을 대가로 물건을 사고 송금할 수 있다. 이는 중국의 외환통제시스템에 누수가 생기는 것을 의미한다고 하였다. 중국 정부는 2013년 12월에 외환통제를 확실히 하기 위하여 일반 국민들은 온라인상에서 비트코인 거래를 자유롭게 할 수 있지만, 은행이나 지급결제분야 종사자가 비트코인을 사용하는 것은 엄격하게 금지하였다. 중국 정부는 "비트코인은 화폐로서 법적 자격을 가지고 있지 않다. 따라서 시장에서 화폐로서 유통되는 것이 허용되어서는 안 된다"라고 못 박았다.[29] 이로써 단 2주 만에 비트코인의 가치는 반 토막이 났으며 상당한 규모의 비트코인 거래무대가 중국에서 자유시장인 홍콩으로 옮겨갔다.

중국에서 가장 큰 비트코인 거래소인 비티시 차이나(BTC China)의 창립자인 바비 리(Bobby Lee)는 중국에서 비트코인 거래가 금지되었다는 인식을 불식시키기 위하여 2014년 3월에 홍보활동을 강화하였다.[30] 리는 중국은 미국보다 여러모로 비트코인 산업에 우호적이어서 중국에서는 비트코인 거래소를 세우기도 쉽고, 미국과 달리 연방과 주 정부를 모두 상대할 필요 없이 하나의 정부만 설득하면 된다는 점을 강조하였다. 그리고 2014년의 비트코인을 1993년의 인터넷에 비유하면서 중국 정부는 결국 비트코인의 확산을 막을 수 없을 것이라고 예상했다.

---

[29] James Titcomb, *China cracks down on Bitcoin*, TELEGRAPH (Mar 8, 2014), available at
http://www.telegraph.co.uk/finance/currency/10815496/china-bitcoin.html

[30] Matthew Philips, *Bitcoin Isn't Really Banned in China and It's Quickly Gaining Ground*, BLOOMBERG BUS.WK. (Mar 20, 2014), available at http://www.businessweek.com/articles/2014-03-20/btc-chinas-bobby-lee-bitcoin-isnt-really-banned-in-china-and-its-quickly-gaining-ground

리의 열정에도 불구하고 중국정부는 디지털화폐가 자금세탁과 외환통제를 우회하는 수단으로 이용되고 있다는 우려로 인하여 2014년 5월에 그 단속을 강화하기 시작하였다. 중국의 중앙은행인 중국인민은행은 행정명령을 발하여 중국의 대형은행들에게 비트코인 또는 다른 디지털화폐와 관련된 거래에 대한 감시를 철저히 할 것을 주문하였다. 이에 따라 중국 최대은행인 교통은행은 비트코인 거래와 관련된 모든 행위를 금지시켰다. 10개가 넘는 대형은행들이 비트코인 단속을 강화하였으며 이에 따라 리의 비티시 차이나도 수신이 정지되었다. 2014년 여름에 중국의 투자자들은 비트코인 대신 기업공개시장으로 몰려가고 있는 것으로 보인다. 명백하게 금지되지는 않았지만 정부의 회의적인 태도가 분위기를 얼어붙게 만듦으로써 비트코인은 중국에서 어려운 위치에 처해 있다. 중국에서의 비트코인의 미래는 불분명하며 조만간 홍콩을 제외한 전 지역에서 디지털화폐가 금지될 수도 있을 것으로 보인다.

맨친 상원의원이 제기한 중국과 비슷한 수준의 비트코인 금지 요구는 미 규제당국과 동료 의원들에 의하여 받아들여지지 않았다. 자레드 폴리스(Jared Polis) 하원의원은 재무부에 대하여 달러 지폐의 사용금지를 요구하는 풍자편지를 보냄으로써 이에 대응하였다. 고액권 지폐를 비롯하여 달러지폐의 교환은 현재 규제되고 있지 않으며, 불법적인 거래에 이용될 수 있고, 위조, 절도 및 손실을 입을 위험도 크다고 풍자한 것이다.[31] 이로 인해 폴리스 의원은 의회에서 비트코

---

31 Gregory Ferenstein, *Congressman Calls To Ban U.S. Dollar in response to Plea for Bitcoin Ban*, TECHCRUNCH (Mar 5, 2014), available at http://techcrunch.com/2014/03/05/congressman−calls−to−ban−u−s−dollar−in−response−to−bitcoin−ban/

인에 가장 우호적인 인물로 비쳐지게 되었다. 맨친 의원의 편지 사건 이후에 벌어진 상원 은행위원회 청문회에서 연방준비제도이사회 의장 재닛 옐런(Janet Yellen)은 "연방준비제도이사회는 어느 모로 보나 비트코인을 감독하거나 규제할 권한이 없다"고 간단히 답하였다.[32] 세인트 루이스 연방준비은행 부총재가 발표한 2014년 3월 보고서에서는 비트코인을 완전히 금지하는 것은 불가능에 가깝다고 결론짓고 있다.

2014년 3월 중순에 자금세탁 방지를 담당하고 있는 재무부 간부 데이빗 코헨(David S. Cohen)은 "미국 정부는 비트코인이 국제사회 제재를 회피하거나 테러를 지원하는 데 이용되고 있다는 증거를 갖고 있지 않다"고 하였다.[33] 비트코인은 완전히 금지되어야 한다는 견해와 대조적으로 코헨은 금융의 투명성이 가상화폐 시장의 안정성을 가져오고 그 이용자와 투자자들의 안전성을 보장해 줄 것이라며 합리적이고 유연하고 (컴퓨터 전문용어로) 확장 가능한 규제를 도입하는 것이 정부가 하여야 할 일이라고 하였다.

몇몇 전문가가 지적하였듯이 비트코인 거래를 추적한 경우의 범인 검거율은 전통적인 방식의 자금세탁거래를 추적한 경우의 범인 검거율 1%보다 최소한 조금 높게 나타났다.[34] 그러나 조사결과에 따르면

---

32 Allie Jones, *Janet Yellen is Bitcoin Users' New Hero*, WIRE (Feb 27, 2014), available at
http://www.thewire.com/politics/2014/02/janet−yellen−bitcoin−user−new−hero/358606
33 Carter Dougherty & Greg Farrell, *Treasury's Cohen sees No widespread criminal Bitcoin Use*, BLOOMBERG (Mar 18, 2014), available at
http://www.bloomberg.com/news/2014−03−18/treasury−s−cohen−says−regulation−helps−virtual−currencies.html
34 Hass McCook, *Under the Microscope: Economic and Environmental Costs of Bitcoin Mining*, COINDESK (June 21, 2014), available at

대부분의 미국인들은 여전히 비트코인에 대하여 잘 알지 못하고 있고, 그것을 금지하여야 한다는 맨친 의원의 견해에 동조하고 있는 것으로 나타났다.[35] 검찰총장 에릭 홀더(Eric Holder)는 "가상화폐는 불법활동을 숨기는 데 활용될 수 있으므로 그 거래를 감시하기 위하여 규제당국과 협업하고 있다"고 밝혔다.[36]

일반 범죄예방 차원을 벗어나 미국 국가안보 차원에서 디지털화폐와 그 익명성에 대한 관심이 점점 증가하고 있다. 2014년 5월에 비트코인 매거진(Bitcoin Magazine)이 공개한 미 국방부 문서에 따르면 국방부는 비트코인과 같은 가상화폐를 포함하여 대테러 조사활동을 전개하고 있다고 한다.[37] 대테러 및 비정규전 능력을 분석하는 펜타곤[38]의 대테러지원국은 최근에 미 육군이 비트코인 기술과 그 영향력을 이해할 수 있도록 비트코인 판매자들을 불러 조사를 마쳤음을 밝혔다. 이 문서에 따르면 가상 화폐의 도입은 불투명성, 거래속도 및 테러공격의 편의성을 제고시켜 금융체제를 위협할 것으로 보인다고 우려하고 있다. 2014년 7월에 이라크와 시리아의 이슬람국가 단체

http://www.coindesk.com/microscope-economic-environmental-costs-bitcoin-mining

[35] Andrew Qusntson, *Survey Says Most Americans Want to Ban Bitcoin: Highlighting Need for Education*, CCN (June 20, 2014), available at http://www.cryptocoinsnews.com/news/americans-want-ban-bitcoin-new-survey-revals-highlighting-need-education/2014/06/20

[36] Kevin Johnson, *Holder warns of Bitcoin misuse, bristles at contempt reminder*, USA YODAY (Apr 8, 2014), available at http://www.usatoday.com/story/news/nation/2014/04/08/holder-bitcoin-fraud/7461571

[37] US Defense Dept., *analyzing Bitcoin as potential terrorism threat*, RT (May 8, 2014), available at
http://rt.com/usa/157552-defense-pentagon-bitcoin-terrorism/

[38] [역자주] 건물이 5각형으로 생긴 데서 연유하는 미국 국방부의 별칭이다.

(Islamic State of Iraq and Syria; ISIS)는 비트코인이 테러자금을 공급하는 데 이상적인 수단이 되고 있다고 주장하는 글을 인터넷에 올렸다.[39] 가까운 장래에 비트코인이 범죄 및 폭력의 국제적 연대를 위한 수단으로 쓰인다는 증거가 나올 경우 미 규제당국의 비트코인에 대한 접근방식은 훨씬 가혹해질 수 있다. 화폐교환이나 무기매입 등 가상 화폐의 가장 민감한 기능들이 미국의 국경 밖에서 벌어지고 결국 미국에 타격을 주기 위하여 돌아올 수 있다는 점을 감안할 때 이러한 주장은 훨씬 설득력을 얻는다.

## 비트코인은 증권으로 규제되어야 하는가

비트코인은 현행 증권법 및 이를 집행하는 증권거래위원회(Securities Exchange Commission; SEC)에 매우 당혹스러운 존재이다. SEC의 임무는 투자자를 보호하고, 공정하고 질서있고 효율적인 시장을 유지하는 것이며, 자본의 형성을 지원하는 것이다.[40] 예금이 정부에 의하여 보호되는 은행과 달리 주식, 채권 등 증권은 손실을 볼 위험이 있다. 따라서 SEC는 기업들에게 의미 있는 재무정보 또는 다른 정보들을 공중에 공시하도록 요구하고 증권거래소, 증권회사, 투자자문사, 집합투자업자 등 시장 플레이어들을 감독한다. 이렇게 함으로써 시장 관련 중요한 정보의 공개를 촉진하고 불공정거래 및 사기로부터 투자자를 보호하고자 한다. SEC의 제재조치는 이 목적 달성을 위한 유

---

39 Carlo Caraluzzo, *ISIS to Accept Bitcoin a Hoax?*, COIN TELEGRAPH (July 10, 2014), available at
http://cointelegraph.com/news/112046/isis-to-accept-bitcoin-a-hoax
40 *The Investor's Advocate: How the SEC Protects Investors, Maintains Market Integrity, and Facilitates Capital Formation*, SEC (July 10, 2014), available at http://www.sec.gov/about/whatwedo.shtml#.U3juzChWCRM

효한 수단이 된다. 그런데 현재 이 제제조치가 비트코인에 대하여 가능한지가 논쟁거리이다.

비트코인에 연방 증권법을 적용하는 문제에 대한 학문적 성과들은 그때까지만 해도 잘 알려지지 않았던 비트코인에 대하여 일찍부터 관심을 보여온 몇몇 로스쿨 학생, 교수 및 변호사들로부터 나왔다. 2011년 6월에 조지아 주의 변호사이자 기술법 분야 저자인 존 윌리엄 넬슨(John William Nelson)은 증권법 규제를 비트코인에 적용시키는 문제에 대하여 분석하였다.[41] 넬슨은 비록 연방 증권법이 투자상품을 증권으로 분류할지에 대하여 법원과 SEC에 많은 재량을 주고 있지만, 비트코인은 그 자체로서 증권이 아니고 따라서 연방 증권법에 의하여 규제되어서는 안 된다고 주장하였다. 넬슨의 논리는 증권이라는 것은 주식이나 채권과 같이 뭔가 다른 것을 기초로 하는 투자수단을 의미하는 것인 데 반하여 비트코인은 어떤 다른 실체나 자산에 의하여 가치가 보장되는 것이 아니고, 그 가치는 전적으로 가상적이고 주관적이며, 또한 정부에 의하여 가치가 보장되는 국가화폐와 달리 보장된 가치가 없으므로, 결국 비트코인은 증권이 아니라는 것이다.

증권규제에 관한 입법 역사는 1933년법 및 1934년법으로 거슬러 올라간다. 이 법에서는 회사채, 주식 등 많은 종류의 증권을 열거하는 한편, '투자계약' 및 '일반적으로 증권으로 알려진 것'이라는 추상적인 증권의 정의에 대하여도 언급하고 있다.[42] 이 두 개의 카테고리

---

[41] John William Nelson, *Why Bitcoin isn't a security under federal securities law*, LEX TECHNOLOGIAE (June 26, 2011, 11:49 PM), available at http://www.lextechnologiae.com/2011/06/26/why−bitcoin−isnt−a−security−under−federal−securities−law/
[42] Securities Act of 1933, ch..38, Title I, 48 Stat. 74 (1933), codified as amended

에 포함되는 증권에는 공통의 특징이 있는데 (1) 돈을 투자하는 투자가, (2) 수익에 대한 기대심리, (3) 사업의 주요부분에 대한 제3자의 통제가 그것이다. 넬슨은 비트코인이 1972년 SEC v. Glenn W. Turner Enterprise, Inc.사건[43]에서 판결로 형성된 이 법적 요건을 갖추지 못하였으므로 추상적 증권에 해당하지 않고, 따라서 증권법에서 규제하는 다단계 판매에 해당하지 않는다고 분석하였다. 이 판결에서 오레곤 주 지방법원은 캘리포니아 주 법원에서 형성된 자본의 위험성 테스트를 적용하여 증권 해당여부를 판단하였는데 이는 투자자가 그가 통제할 수 있는 영역을 넘어서 투자자금을 남의 손에 맡겼어야 한다는 것이다.

넬슨은 비트코인 채굴작업은 금전의 투자가 아니라 컴퓨터 처리작업에 불과하고, 특히 비트코인은 제3자의 통제하에 맡기는 것이 아니고 오히려 탈 중앙집중화라는 비트코인의 성격상 어떤 제3자의 통제도 없다는 것을 강조한다. 넬슨은 캘리포니아 법정에서 형성되고 다른 주 및 연방법원에서 채택된 자본의 위험성 테스트가 요구하는 증권거래로서의 경제적 실질을 충족하지 못하였으므로 비트코인은 증권법상 증권에 해당하지 않는다고 주장하였다.

핵심 질문은 SEC와 법원이 비트코인이 앞서 언급한 3가지 요건을 모두 충족하는 투자계약(investment scheme)에 해당되어 증권법의 적용대상이 된다고 판단할 것인지 여부이다. SEC v. W.J. Howey Co.[44]에서 연방대법원은 플로리다 감귤 과수원 분양계약[45]이 1933년법 및

---

at 15 U.S.C. 77; Security Exchange Act of 1934, ch. 404, 48 Stat. 881 (1934), codified as amended at 15 U.S.C. 78
43 348 F.Supp.766 (D.Or.1972), 474 F.2d 476 (9th Cir.1973)
44 328 U.S. 293 (1946)
45 [역자주] W.J Howey Co.는 플로리다에 대규모 감귤농장을 소유하고 있었는

1934년법상 투자계약에 해당되는지를 판단하여야 했다. 법원은 '투자계약'을 다음과 같이 정의하면서 이 분양계약이 투자계약에 해당한다고 판단하였다.

> 어떤 사람이 그의 돈을 여러 명의 투자자가 참여한 사업에 투자를 하고 그 사업의 주동자나 제3자의 노력에 전적으로 의존하여 수익을 기대하는 계약, 거래 또는 계획을 말한다. 그의 지분이 형식을 갖춘 증명서 또는 그 단체가 가지고 있는 자산에 대한 형식상 권리로 증명될 수 있는지는 중요하지 않다.

넬슨은 비트코인은 금전의 투자가 아니라 컴퓨터 힘을 투자한 것이므로 투자계약이 아니라고 하였다. 또한 비트코인 공동체가 전체로서 공동사업(common enterprise)으로 의제될 수 있다고 하더라도 이 사업은 탈 중앙집중화되어 있으며 어느 한 개인이나 단체에 의하여 운영되지 않는다고 하였다. 이에 더하여 비트코인에는 중앙통제소나 운영을 담당하는 제3자가 없으므로 비트코인으로부터 얻은 수익이 이들의 노력으로부터 기대되는 것은 아니라고 한다. 따라서 비트코인은 투자계약의 4가지 특성, 즉 (1) 투자, (2) 공동사업, (3) 이익의 기대, (4) 제3자의 노력 중 어느 것에도 해당되지 않는다고 분석하였다.

그러나 넬슨은 비트코인을 실제통화와 교환하는 거래소에 대하여는 증권법이 적용될 수 있음에 동의하였다. 그리고 거래소에서의 화폐교환을 포함하여 제3자의 노력에 기댄 수익이 예상되는 더 복잡한 거래구조하에서는 그것이 투자계약에 해당할 수 있다고 인정하였다.

데 그 절반은 자신이 소유하고 나머지 절반은 매각하여 농장개발 비용에 충당하고자 하였다. 이에 따라 일반인을 대상으로 농장 땅을 분양하였는데 땅을 분양하는 데 그치지 않고 Howey Co.가 다시 그 땅을 임차하여 경작하고 수확된 감귤을 판매하여 그 수익금을 피분양자에게 배당해 준다는 조건으로 판매를 하였다.

이제 막 정부 당국자들이 새로운 기술적 혁신을 현재의 증권법 체계에 적용하는 문제의 모호함과 씨름하기 시작하였는바 넬슨의 초기 연구는 앞으로 불러올 격론을 예고하였다. 넬슨과 의견 교환을 하던 예일대학교의 한 학생은 2011년 말에 비트코인은 투자계약에 이르지 않는다는 비슷한 결론의 글을 발간하기도 하였다.[46]

증권법상 규제 논의는 당국이 비트코인 이용자와 투자가들이 만들어내는 다양한 사건들에 반응함에 따라 여러 갈래로 진행될 가능성이 있다. 2013년 7월에 SEC는 텍사스 주민 트렌든 쉐이버스(Trendon T. Shavers)를 비트코인을 이용한 폰지스킴(Ponzi Schme)[47]으로 투자자를 기만하였다는 이유로 기소하였다.[48] 쉐이버스는 비트코인저축신탁(Bitcoin Savings and Trust; BTCST)을 설립하여 최소 70만 비트코인의 투자계약을 팔았다. 이 금액은 투자계약이 이루어진 2011년 및 2012년의 평균 시가로 보았을 때 450만 달러, SEC가 기소한 시점의 시가로는 6,000만 달러, 그리고 2014년 5월 기준으로는 약 3.5억 달러에 달하는 금액이다. SEC에 따르면 쉐이버스는 투자자들에게 자신의 회사가 비트코인 재정거래를 통하여 매주 7%의 수익을 주겠다고 하며 그 재정거래는 은밀히, 빨리, 대량으로 구입하려는 개인 고객에게 비트코인을 파는 것이라고 선전하였다. 그러나 실제로는 고객 투자자금을 유용하여 비트코인 거래소에서 쉐이버스 자신의 계산

---

[46] Reuben Grinberg, *Bitcoin:An Innovative Alternative Digital Currency*, 4HASTINGS SCI. & TECH.L.J. 160(2011), available at
http://papers.ssrn.com/so13/papers.cfm?abstract_id=1817857
[47] [역자주] 주석 4장 1 참조
[48] *SEC Charges Texas Man with Running Bitcoin−denominated Ponzi Scheme*, SEC (July 23, 2013), available at
http://www.sec.gov/News/PressRelease/Detail/PressRelease/1370539730583#.U3KjCihWCRM

으로 데이 트레이딩(day trading)[49]을 하였고 이에 따른 경비를 지불하는 데 사용하였다. SEC는 쉐이버스와 비트코인저축신탁을 1933년 증권법 5(a), 5(c), 17(a)를 위반하여 투자계약을 등록 없이 청약 및 매매하였고, 1934년 증권거래법 10(b) 및 동 하위규범 10(b)(5)를 위반하여 사기적 행위에 종사하였다는 이유로 기소하였다. 기소한 날 SEC는 가상화폐와 관련된 사기 계획이 시중에 떠돌고 있음을 알리고 그 위험성에 대하여 경고하였다.

텍사스 주 동부1심법원은 2013년 8월에 이 사건을 심리하였는데 비트코인 같은 가상화폐와 관련된 특정한 형태의 거래는 증권에 해당할 수 있다고 하면서, 따라서 SEC는 이 거래를 규율할 권한이 있고 연방법원도 1933년법 20조 및 22조 그리고 1934년법 27조에 근거하여 이 문제를 심리할 관할권이 있다고 결정하였다.[50] 본안에 대한 법원의 결정은 세 가지 주요한 사실에 기초하였다. 첫째로 법원은 비트코인은 돈으로 쓰일 수 있다고 판단하였다.

> 비트코인이 돈으로서 사용될 수 있음은 명백하다. 물건이나 서비스를 구매할 수도 있고, 쉐이버스가 말한 대로 개인생활비로 지급할 수도 있다. 오직 제한이 있다면 비트코인을 화폐로서 받아 주는 곳에서만 사용이 가능하다는 것이다. 그러나 비트코인은 미국달러, 유로, 엔, 위안화와 같은 국가통화로 교환될 수 있다. 그렇다면 비트코인은 화폐이거나 돈의 일종이며 따라서 비트코인투자신탁에 투자한 자들은 돈에 투자한 것이다.

둘째로 법원은 비트코인을 매매하거나 거래소에서 교환하는 행위

---

49 [역자주] 일중 매매를 계속하며 포지션을 하루 이상 가져가지 않는 투기거래를 말한다.
50 Sec.& Exchange Comm'n v. Shavers, 2013 BL 208180 (E.D. Tex Aug 6, 2013), available at http://www.courthousenews.com/2013/08/06/Bitcoin.pdf

는 투자자들이 쉐이버스와 그의 회사의 전문성에 의존하는 '공동사업'의 요건에 들어맞는다고 보았다. 쉐이버스가 배당금 대신 고정수수료를 받는 경우에도 마찬가지라고 하였다. 투자자들이 쉐이버스의 비트코인 시장에서의 전문성과 인맥에 의존하고 있고 쉐이버스가 성과에 따라 상당한 수익을 약속하였으므로 그의 행위는 공동사업에 해당한다는 것이다. 세 번째로 법원은 쉐이버스의 비트코인 투자에 대한 광고행위가 투자자들로 하여금 제3자의 노력을 통하여 수익을 얻을 수 있겠다라는 기대를 형성하게 하였다고 하였다.

SEC는 계속 비트코인 벤처기업들을 조사하고 있다. 2014년 6월 초에 SEC는 두 개의 비트코인 웹사이트 공동소유자를 1933년법 5(a)와 5(b)를 위반한 혐의로 기소하였다.[51] 에릭 부히스(Erik T. Voorhees)가 2012년과 2013년에 투자자들에게 사토시다이스(SatoshiDICE)와 피드제버드(FeedZeBirds) 주식을 사라고 권유하면서 인터넷에 상품설명서(prospectus)를 배포하였을 때 연방 증권법에서 요구하는 등록의무를 이행하지 않았다는 것이다. 부히스는 이 회사의 신규발행 주식을 비트코인을 받고 팔았고 후에 환매약정에 의하여 사토시다이스가 다시 주주들로부터 매입하였으므로 결국 비트코인은 주주에게 귀속되었다. SEC 제재국장 앤드류 세레스니(Andrew J. Ceresney)는 일반인에게 증권을 파는 모든 발행자는 증권법에서 정한 등록절차를 이행하여야 하며 이는 비트코인을 대가로 증권을 발행하는 자도 마찬가지라고 하면서 SEC는 증권법과 관련 규정이 디지털화폐에도 적용

---

[51] *SEC Charges Bitcoin Entrepreneur With Offering Unregistered Securities*, SEC (June 3, 2014), available at
http://www.sec.gov/News/PressRelease/Detail/PressRelease/1370541972520#.U4_OmChWCRM

되도록 법 집행을 강화해나가겠다고 밝혔다. 부히스가 비교적 쉽게 주식을 팔 수 있었던 이유는 당시에는 시장에서 거래되는 비트코인 관련 회사가 없었고 이에 따라 기관투자가가 아닌 일반인이 비트코인 산업에 투자할 기회가 거의 없었기 때문이었다.[52]

아직 선례가 많지 않으므로 SEC가 언제, 어떻게 비트코인 투자를 규제할지는 불투명하다. 전 SEC 의장 메리 화이트(Mary Jo White)는 가상화폐 자체는 증권이라 할 수 없을지라도 비트코인이 창출한 수익은 증권이 될 수 있고 그렇게 되면 규제대상이 된다고 언급하였다.[53] 2014년 5월에 SEC는 홈페이지에 장문의 경고문을 띄워 투자자들에게 비트코인과 다른 가상화폐의 위험성에 대한 주의를 촉구하였다.[54] 여기에서 SEC는 이 새로운 발명품에는 신뢰할 만한 거래 기록이 없다는 점을 강조하고 비트코인 관련 사건을 조사함에 있어서 부딪치는 어려움에 대하여 설명하였다.

이러한 우려는 다른 나라들도 마찬가지이다. EU 산하 유럽은행감독청(European Banking Authority; EBA)은 2014년 2월에 발간된 연차보고서에서 가상화폐가 규제되어야 하는지 및 규제가 가능한지에 대하여 아직 답을 내지 못하였다고 하면서 비트코인이 소비자, 투자자

---

[52] Perianne Boring, *As Bitcoin Rallies, What are the best opportunities for investors to get in on the action?*, FORBES (June 4, 2014), available at http://www.forbes.com/sites/perianneboring/2014/06/04/as−bitcoin−rallies−what−are−the−best−opportunities−for−investors−to−get−in−on−the−action
[53] Mark T Williams, *Beware of Bitcoin*, COGNOSCENTI (Dec 5, 2013), available at http://congnoscenti.wbur.org/2013/12/05/bitcoin−currency−mark−t−williams
[54] Jeremy Kirk, *Bitcoin lacks 'credibility and trust' U.S. says SEC*, PCWORLD (May 8, 2014), available at
http://www.pcworld.com/article/2152660/bitcoin−lacks−credibility−and−trust−us−sec−says.html

및 사회에 미칠 위험성에 대하여 경고하였다.[55] 2014년 7월에 EBA는 유럽위원회(European Commission) 및 유럽의회(European Parliament)에 보낸 보고서에서 디지털화폐의 70가지 위험성을 열거하고 더 이상 규제가 늦춰져서는 안 된다고 제안하였다.[56] 이 보고서에서는 EU 공동체에는 전통적인 금융서비스를 개선하기 위한 규범들이 존재하고 작동하고 있으므로 비트코인이 가져온 혁신이라는 것이 별로 중요하지 않으며 이에 따라 디지털화폐를 규율하기 위한 종합적인 규제 체계를 세우는 작업은 복잡하고 시간과 비용이 많이 들 뿐, 별로 그럴 만한 가치가 없다고 분석하였다.

2014년 7월에 세계은행의 폰지 전문가들은 연구보고서를 통해 비트코인은 기대심리가 금융버블을 창조하는 '자연적으로 발생하는 다단계 상품'이라고 규정하였다.[57] 자유지상주의자이면서 전 하원의원 론 폴(Ron Paul)은 미 연방준비제도이사회의 관리 실패로 미 달러화의 인플레이션이 계속되어 뱅크런이 일어나는 경우에는 비트코인이 미 달러화를 대신할 수 있다고 추측하였다.[58] 이러한 걱정과 불확실

---

[55] Ben Moshinsky, *European Banking Regulator to Review Virtual Currency Risks*, BLOOMBERG (Feb 28, 2014), available at http://www.bloomberg.com/news/2014-02-28/european-banking-regulator-to-review-virtual-currency-risks.html

[56] Charlie Osborne, EBA: *Investor should avoid Bitcoin, identifies 70 risks*, ZDNET (July 7, 2014), available at http://www.zdnet.com/eba-investors-should-avoid-bitcoin-identifies-70-risks-7000031287/

[57] Nermin Hajdarbegovic, *World Bank Report: Bitcoin is a 'Naturally Occurring' Ponzi*, COINDESK (July 17, 2014), available at http://www.coindesk.com/world-bank-report-bitcoin-naturally-occurring-ponzi

[58] *Bitcoin could go down in history as Destroyer of the US Dollar - Ron Paul*, YOUTUBE (July 21, 2014), available at http://youtu.be/RkvTHIMcEIg

성 속에서 미국과 다른 나라의 규제당국자들은 비트코인 같은 가상화폐를 계속 눈여겨 볼 수밖에 없다.

### 비트코인은 통화인가 아니면 자산인가

2013년 중반에 비트코인의 가격이 급상승하자 각국의 규제당국자들은 비트코인의 명성에 꼼짝없이 당하는 형세가 되었다. 각국이 서둘러 새로운 규제나 가이드라인 또는 룰 등을 내놓았지만 이들은 서로 상충하는 용어나 해석으로 마치 복잡하게 뒤엉킨 거미줄 같았다. 이는 비트코인을 슈뢰딩거의 고양이(Schrodinger's Cat)[59]의 금융 판이라 할 수 있는 기묘한 상황을 만들어 냈다. 비트코인은 국가에 따라, 그리고 같은 국가 내에서도 정부 부처에 따라 또는 질문에 따라 어떤 때는 통화이기도 하고, 어떤 때는 통화가 아니기도 하였다. 트렌든 쉐이버스 사건에서 텍사스 연방동부법원은 비트코인을 확실히 통화나 돈이라고 하였다.[60] 비슷한 논리로 실크로드 창립자 로스 울브리히트 사건을 주재한 연방판사는 FinCEN과 IRS가 비트코인을 돈으로 인정하지 않았으므로 돈 세탁 혐의로 기소되어서는 안 된다는 피고의 주장을 배격하였다.[61] 이 판사는 실크로드의 영업행태를 상식적으로 보면 비트코인이 돈과 같은 기능을 하는 것이고, 그렇다면 넓은 의미에서 자금세탁방지법의 적용대상이라고 판단하였다.

---

59 [역자주] 슈뢰딩거가 양자역학의 불완전함을 증명해 보이려고 고안한 실험에서 고양이가 살아 있는 상태와 죽은 상태의 결합으로 나타나는 것을 비판하며 "죽었으며 동시에 살아 있는 고양이"는 실제로 존재하지 않는다고 주장했다.
60 SEC v. Shavers, 2013 U.S. Dist. LEXIS 110018, Fed. Sec. L. Rep. (CCH) P97,596, 2013 WL 4028182 (E.D. Tex. Aug. 6, 2013)
61 Andy Greenberg, J*udge Shoots Down 'Bitcion Isn't Money' Argument in Silk Road Case*, WIRED (June 9, 2014), available at http://www.wired.com/2014/07/silkroad−bitcoin−isnt−money

그러나 미국 이외의 다른 나라에서는 물론이거니와 미국 내에서도 많은 정부 부처들이 비트코인 같은 디지털화폐를 화폐나 돈으로 인식하는 것을 거부하고 있다. 이런 결정은 관리상의 문제를 우려한 것이기도 하고 법적인 불확실성에서 연유하는 것이기도 하고 때로는 단순히 세수를 극대화하기 위한 생각에서 나오기도 한다. 2013년 6월에 네덜란드 재무장관 예룬 데이셀블룸(Joroen Dijsselbloem)은 국회에 제출한 보고서에서 비트코인은 전자화폐가 아니며 현재로서는 실물경제에 미칠 영향은 미미할 것으로 생각되며 비트코인은 법으로 정의된 금융상품이 아니고 비트코인 매매를 중개하는 것 역시 금융업이 아니므로 금융관계법이 적용될 여지가 없다고 하였다.[62] 2013년 10월에 네덜란드에서 가장 역사가 오래된 신문은 정부가 빨리 비트코인 규제를 시작하여야 한다는 비판적인 기사를 실었다. 기사에 따르면 네덜란드 경제부처로부터 지원을 받아 연구한 두 명의 연구원들은 비트코인은 사실상 화폐이며 경제에 미칠 파장을 감시하기 위하여 규제되어야 한다고 주장하였다. 이러한 우려에도 불구하고 2014년 중에 비트코인은 네덜란드 소비자나 상인들에게 급속히 퍼져 나갔다.

세계 많은 나라에서 비트코인이 통화인가 하는 질문은 조세목적상 중대한 의미가 있다. 노르웨이 국세청장 한스 크리스찬 홀테(Hans Christian Holte)는 2013년 12월에 비트코인은 통화나 돈의 일반적 정의에 부합하지 않는다고 말했다. 따라서 자산으로 보아야 하며 그

---

[62] Richard Kohl, *The Economic Singularity: From Holland with Love*, BITCOIN MAG. (Oct 29, 2013), available at
http://bitcoinmagazine.com/7725/the−economic−singularity−from−holland−with−love

렇다면 양도소득세 과세대상이고 손실을 입었을 때 소득공제도 가능하다고 밝혔다.[63] 하지만 비아이(BI) 노르웨이 경영대학의 금융경제학과 부교수 폴 에링(Paul Ehling)은 이러한 평가는 돈의 정의를 너무 협소하게 보기 때문이라고 비판하였다.

'돈'이란 상품 및 서비스와 교환하기로 합의된 어떠한 수단도 다 포함된다. 역사적으로 보면 작은 돌멩이도 돈으로 쓰였다. 충분히 많은 사람들로부터 받아들여지기만 한다면 그것으로 충분하다. 요즘에는 돈이 되기 위하여는 과거보다 훨씬 많은 사람이 이것과 상품 및 서비스를 교환하여야 한다고 생각하는 것 같다.

독일 정부는 2013년 6월에 비트코인은 일반적인 매매거래와 같이 취급될 것이고 따라서 1년 이상 보유하고 있지 않았다면 양도소득세 과세대상이 된다고 발표하였다.[64] 2013년 8월에 독일 재무장관은 비트코인은 독일법상 사적인 돈에 해당하여 계산의 단위가 된다고 하였다. 이는 비트코인이 양도소득세 과세대상이 되는 데 그치지 않고 부가가치세 같은 소비세 과세대상이 된다는 의미이다.

불가리아 국세청은 2014년 4월에 비트코인은 통화와 자산의 중간 형태로 취급될 수밖에 없는 가상화폐라고 밝혔다.[65] 이 결정으로 국

---

[63] Saleha Mohsin, *Bitcoins Fall Currency Test in Scandinavia's Richest Nation*, BLOOMBERG (Dec 12, 2013), available at
http://www.bloomberg.com/news/2013−12−12/bitcoins−fail−real−money−test−in−scandinavia−s−wealthiest−nation.html

[64] Romain Dillet, *Germany Recognizes Bitcoin As Private Money, Sales Tax Coming Soon*, TECH CRUNCH (Aug 19, 2013), available at
http://techcruch.com/2013/08/19/germany−recognizes−bitcoin−as−private−money−sales−tax−coming−soon/

[65] Steve Shanafelt, Report: *Bulgaria officially recognizes bitcoin as currency*, BITCOINX (April 3, 2014), available at

세청은 비트코인이 사용되거나 국가화폐와 교환될 때 10%의 세금이 부과될 것임을 분명히 하였다. 그러나 일각에서는 국세청이 비트코인의 불가리아에서의 법적 지위에 대하여 결정을 내릴 권한이 없다는 점을 지적하였다. 또한 국세청의 결정은 비트코인을 이용한 자금세탁을 용이하게 한다는 점도 지적되었다. 결국 불가리아는 이 문제에 대하여 더 이상의 결정을 미루고 EU의 가이드라인이 나오기를 기다리기로 하였다.[66] 슬로베니아는 불가리아와 비슷한 입장을 취하였다. 슬로베니아 당국은 2013년 12월에 비트코인은 금융상품도 아니고 자산도 아닌 가상화폐로 취급되어야 하고 개인과 기업들이 비트코인을 채굴하거나 거래함으로써 소득이 생긴 경우에는 사안별로 과세여부를 결정하겠다고 밝혔다.[67]

영국 규제당국이 비트코인에 대하여 적대적일 것이라는 초기의 우려와 달리 영국 국세청은 2014년 3월에 비트코인 채굴행위에 대하여 부가가치세를 부과하려는 계획을 폐기하였다.[68] 영국에 기반을 둔 자유시장 옹호 단체는 2014년 6월에 파운드화는 비트코인 같은 암호화폐에 의하여 완전히 대체되어야 한다고 주장하였다.[69] 영국 금융

http://www.bitcoinx.com/report-bulgaria-officially-recognizes-bitcoin-currency
[66] Pete Rizzo, *Bulgarian Bitcoin Tax Guidance May Leave Money-Laundering Loophole*, COINDESK (April 3, 2014), available at
http://www.coindesk.com/bulgarian-bitcoin-tax-guidance-may-leave-money-laundering-loophole
[67] Nermin Hajdarbegovic, *Slovenia Clarifies Position on Cryptocurrency Tax*, COINDESK (Dec 23, 2014) available at
http://www.coindesk.com/slovenia-clarifies-position-cryptocurrency-tax
[68] *HMRC scraps VAT on virtual currency Bitcoin*, BBC (Mar 3, 2014), available at http://www.bbc.com/news/business-26426550
[69] Alex Hern, *Privatise the pound and replace it with bitcoin, says free-market thinktank*, GUARDIAN (June 18, 2014), available at

감독청(Financial Conduct Authority; FCA)은 같은 달 비트코인과 같은 긍정적 혁신이 영국 규제 체계 내에서 지원을 받을 수 있도록 이노베이트(Innovate)라고 불리는 프로젝트를 시작했다고 밝혔다.[70] 금융감독청 수장 마틴 휘틀리(Martin Wheatley)는 디지털화폐는 그 빠른 성장속도와 혁신성으로 인하여 가능할 것 같지 않은 속도로 현행 금융시스템을 변화시킬 소지가 있다고 밝혔다.

가상화폐를 법정통화로 취급하고 자산이 아니라고 본 (그래서 부가가치세 과세대상이 아니라는) 영국의 결정은 그와 반대 입장을 보여온 다른 유럽국가들을 놀라게 하였다.[71] 그 결과 그동안 과세당국에서 가상화폐는 예술품이나 골동품 같은 자산임을 천명해 온 스웨덴은 2014년 7월 유럽공동체 법원에 비트코인을 유럽공동체 국가의 국가화폐로 교환하는 행위가 부가가치세 부과대상인지 아닌지에 대한 의견을 구하는 질의를 하였다. 유럽공동체 법원의 결정은 EU 국가간 규제충돌뿐 아니라 같은 국가의 규제당국 간 규제충돌을 해결할 수 있을 것이다. 오스트리아의 경우만 해도 금융감독을 담당하고 있는 두 기관의 대표자가 비트코인이 금융상품인지 및 부가가치세 과세대상인지를 묻는 국회질문에 대하여 2014년 7월 상반된 의견을 제시

    http://www.theguardian.com/technology/2014/jun/17/bitcoin−privatise−pound−free−market−thinktank
70 Nermin Hajdarbegovic, *UK Financial Regulator's New Initiative Encourage Bitcoin Innovation*, COINDESK (June 3, 2014), available at http://www.coindesk.com/uk−financial−conduct−authority−fca−launches−bitcoin−initiative
71 Richard Asquith, *European Union to review tax on Bitcoin trading*, CNN (July 21, 2014), available at http://www.cryptocoinsnews.com/news/european−union−review−tax−bitcoin−trading/2014/07/21

할 정도이다.[72]

2014년 7월에 아일랜드 중앙은행 이사 개리스 머피(Gareth Murphy)는 디지털화폐 세미나에서 은행을 대표하여 입장을 밝힌 첫 정부당국자가 되었다.[73] 더블린에서 열린 세미나(Bitcoin Finance 2014 Conference and Expo)에서 머피는 비트코인의 성장세가 결국 디지털화폐와 국가화폐의 이중 경제를 만들 것으로 전망하였다. 판매되는 상품이나 서비스에 따라 서로 선호하는 화폐가 달라짐에 따라 유로화 경제와 가상화폐 경제가 존재하여 중앙은행이 두 개의 대차대조표를 만들어야 할지도 모른다고 하였다.

벨기에, 포르투갈, 그리스, 헝가리 그리고 크로아티아는 국민들에게 비트코인은 정부의 감시 밖에 있다는 점을 경고하는 외에 별도의 규제를 마련하고 있지 않다. 그 외의 다른 유럽국가들도 매우 다양한 방식으로 대응하고 있다. 룩셈부르크 금융감독위원회(CSSF)는 2014년 2월에 가상화폐가 돈과 같은 기능을 하기는 하지만 그 발행이 규제되지 않고 있으므로 법정화폐가 아니라고 밝혔다.[74] 아울러 CSSF는 가상화폐의 사용과 관련된 어떠한 금융기관의 행위도 재무부로부

---

[72] Joon Ian Wong, *Austria offers 'contradictory' guidance on Bitcoin's Financial status*, COINDESK (July 25, 2014), available at
http://www.coindesk.com/austria−offers−contradictory−guidance−bitcoins−financial−status

[73] Pete Rizzo, *Irish Central Banker Envisions Hybrid Bitcoin Fiat Future*, COINDESK (July 3, 2014), available at
http://www.coindesk.com/irish−central−banker−envisions−hybrid−bitcoin−fiat−future

[74] Commission de surveillance du secteur financier, CommuniqueVirtual Currencies (2014), available at
http://www.cssf.lu/fileadmin/files/Publications/Communiques/Communiques_2014/Communique_virtual_currencies−140214.pdf

터 인가를 받아야 하는 것을 포함하여 룩셈부르크의 금융규제를 준수하여야 한다고 경고하였다. 체코슬로바키아에서 가상화폐는 법적으로 모호한 영역에 있다. 최근에는 체코에 기반을 둔 체크크라운코인(Czech Crown Coin)이라는 가상화폐가 생겨 비트코인과 경쟁하고 있다. 2014년 7월 11일에 몇몇 이탈리아 기관은 디지털화폐가 범죄와 자금세탁에 쓰이지 않도록 감시와 규제를 해 줄 것을 정부에 촉구하기도 하였다.

2014년 7월 8일에 우크라이나의 한 대형은행은 고객들이 전국에 분포한 약 5,000개의 지점에서 비트코인을 구입할 수 있을 것이라고 발표하였다. 이는 우크라이나 정부의 규제가 여전히 불투명한 상태에서 나온 것이었다. 하루 뒤에 폴란드의 재무차관은 보도자료를 통하여 비록 비트코인이 폴란드법상 화폐로 인정되지는 않지만 비트코인 가격을 기초자산으로 하는 옵션이나 선물계약은 파생금융상품으로 취급될 것이며 따라서 금융상품법상 금융상품으로 간주될 것이라고 발표하였다.[75] 또한 7월에 라트비아 중앙은행의 금융분석가는 비트코인과 다른 가상화폐와 관련된 위험성을 경고하기 위한 리포트를 발행하였다.[76] 이 리포트는 라트비아의 국영항공사가 비트코인 결제를 선언한지 며칠 후에 나온 것이었다. 에스토니아에서는 중앙은행이 2014년 1월에 비트코인 같은 가상화폐는 폰지 사기와 다를 바 없다

---

[75] Jaroslaw Adamowski, *Polish finance Ministry: Bitcoin can be used as Financial Instrument*, COINDESK (July 9, 2014), available at http://www.coindesk.com/polish−finance−ministry−says−bitcoin−can−used−financial−instrument/

[76] Eric Calouro, *Bank of Latvia Financial Analyst advises public to Steer Clear of Bitcoin*, NEWSBTC (July 24, 2014), available at http://newsbtc.com/2014/07/24/bank−latvia−financial−analyst−advises−public−steer−clear−bitcoin/

는 점을 밝혔음에도 불구하고 그 두 달 후에 국세 및 관세당국은 비트코인은 에스토니아법상 증권이나 전자화폐라기보다는 지급결제 대체수단으로 취급되어야 할 것이라는 입장을 표명하였다.[77] 따라서 비트코인을 개인적으로 사용하거나 비트코인과 관련한 서비스를 제공하는 것은 모두 양도소득세, 소득세, 사회안전세, 부가가치세 등을 포함하여 에스토니아 법규를 준수하여야 하고 법에서 요구하는 보고 의무를 이행하여야 한다고 하였다. 핀란드 규제당국도 비슷한 취지에서 비트코인 거래는 양도소득세 과세대상(그러나 손실이 나더라도 소득공제는 안됨)이라고 언급하였다.[78] 헬싱키에 있는 핀란드 중앙은행 감시국장 파에비 하이키넨(Paeivi Heikkinen)은 2014년 1월 인터뷰에서 비트코인은 통화로서의 법적 요건을 갖추지 못하였고 따라서 상품에 가깝다고 하였다.[79] 리투아니아 규제당국은 가상화폐에 대하여 우려를 표명하며 유럽의 다른 나라들이 어떻게 규제를 해 나가는지를 지켜보고 있다고 하였다.

프랑스 경찰은 2014년 7월에 3명을 체포하고 20만 유로 상당의 비트코인을 압수함으로써 가상화폐를 불법 목적으로 거래한 혐의로

---

[77] Ott Ummelas & Milda Seputyte, *Bitcoin 'Ponzi' concern sparks warning from Estonia Bank*, BLOOMBERG (Jan 31, 2014), available at
http://www.bloomberg.com/news/2014−01−30/bitcoin−ponzi−scheme−worry−sparks−estonia−central−bank−caution.html

[78] *Finnish tax agency guide in taxing virtual currencies, including Bitcoin*, REDDIT (Sept. 27, 2013), available at
http://www.reddit.com/r/Bitcoin/comments/1n8jim/finnish_tax_agency_guide_in_taxing_virtual/

[79] Kati Pohjanpalo, *Bitcoin judged Commodity in Finland after failing Money Test*, BLOOMBERG (Jan 20, 2014), available at
http://www.bloomberg.com/news/2014−01−19/bitcoin−becomes−commodity−in−finland−after−failing−currency−test.html

사법절차를 개시한 유럽의 첫 번째 국가가 되었다.[80] 며칠 뒤에 프랑스 재무장관은 프랑스 금융정보분석원(TRACFIN)이 이미 발표한 방침에 호응하여 새로운 규제의 도입을 2014년 말까지 완료할 것이라고 발표하였다.[81] 재무장관은 전통적인 송금수수료보다 낮은 수수료로 인하여 이 화폐를 사용하고 있는 소비자들을 위하여 4가지 규제조치를 계획하고 있으며 이 중에는 비트코인 배포업자로 하여금 최종소비자의 신원을 확인할 의무를 부과하여 가상화폐의 특징인 익명성을 제한하는 내용이 포함되어 있다고 하였다. 프랑스 정부는 2014년 초 일찍이 비트코인을 화폐로 인정하지 않을 것이며, 비트코인 거래에는 다양한 세금이 부과될 것임을 분명히 한 바 있다.

2013년 12월 이래 스위스 의회는 비트코인을 외국통화와 같이 취급할 것을 검토하고 있다.[82] 비트코인이 스위스 금융부문의 혁신을 가져올 수 있다고 판단한 총 200명 중 1/4 이상의 국회의원에 의하여 법안이 발의될 예정이다. 그러나 2014년 5월 스위스 사회당이 작성한 보고서에 따르면 스위스 회사가 임금을 비트코인으로 지급하는 것은 비트코인 가치의 불안정으로 인하여 불법으로 할 것(보너스를 비트코인으로 지급하는 것은 합법일 수 있다)을 권고하고 있다. 2014년 6월

---

[80] Tanaya Macheel. *French Officials seize $272,800 From illegal Bitcoin Exchange*, COINDESK (July 7, 2014), available at
http://www.coindesk.com/french-officials-seize-272800-illegal-bitcoin-exchange

[81] Tanaya Macheel, *French Government Outlines New Regulations for Bitcoin market Transparency*, COINDESK (July 11, 2014), available at
http://www.coindesk.com/french-government-outlines-new-regulations-bitcoin-market-transparency/

[82] Nermin Hajdarbegovic, *Swiss Lawmakers propose treating Bitcoin as Foreign Currency*, COINDESK (Dec 9, 2013), available at
http://www.coindesk.com/swiss-lawmakers-bitcoin-foreign-currency

에 스위스 금융시장감독청(FINMA)은 스위스에 기반한 디지털금융 브로커와 비트코인 ATM 사업자에 대하여 스위스에 추가로 비트코인 ATM을 설치하는 것을 금지시키고 현행 ATM 서비스도 즉각 중단하도록 하였다.[83] 그러나 6월 말에는 어떤 비트코인 ATM 사업자가 FINMA로부터 비영리기관으로 인정을 받아 송금업 허가를 받음으로써 FINMA의 규제를 성공적으로 회피해 간 사례가 발생하게 되었다. 이에 FINMA는 그로부터 며칠 후에 Fact Sheet라는 문건을 통해 비트코인의 스위스에서의 최근 성장세를 설명하고, 비트코인을 이용한 상업 활동이 고객들로부터 영리 목적으로 금전을 수령하여 이것을 사업자 계좌에 보유하는 행위를 포함하는 것이라면 은행업 허가가 필요하다고 경고하였다.[84] 스위스 의회나 규제당국에서 비트코인이 화폐로 취급되어야 하는지 및 어떠한 세금이 부과되어야 하는지에 대하여는 여전히 논쟁 중에 있으므로 전체적으로 볼 때 스위스에서의 비트코인 영업은 법적 불확실성 속에서 이루어지고 있다고 할 수 있다.

터키에서는 비트코인이 별로 방해를 받지 않고 거래되어 왔다. 2013년 11월 터키 은행감독위원회는 비트코인은 전자화폐가 아니고 따라서 터키 법에 의하여 규제되지 않는다고 발표하였다.[85] 현행 터

---

[83] Pete Rizzo, *Swiss Regulators block Zurich Bitcoin ATM launch*, COINDESK (June 4, 2014), available at
http://www.coindesk.com/swiss−regulators−block−bitcoin−atm−launch/

[84] FINMA, Fact Sheet, BITCOIN (2014), available at
http://www.finma.ch/e/finma/publikationen/faktenblaetter/Documents/fb−bitcoins−e.pdf

[85] Bitcoin Press Release, Turkish Banking Regulation and Supervision Agency (2013), available at
http://www.bddk.org.tr/websitesi/English/Announcements/Press_Releases/12585bitcoin_press_release_eng3.pdf

키 규제체계하에서 비트코인 거래에 따른 소득은 최소한 이론적으로는 일반 소득과 같이 과세될 것으로 보인다.

동아시아와 동남아시아 나라들 사이에서는 비트코인에 대응하기 위한 공동의 노력은 없었고, 이에 따라 각국은 서로 상당히 다른 접근을 하고 있다. 싱가포르는 2014년 1월에 비트코인은 통화라기보다는 상품이라고 선언하고 비트코인에 대하여 과세결정을 하였다.[86] 싱가포르 통화청(Monetary Authority of Singapore; MAS)은 더 나아가 2014년 3월 가상화폐 교환소 및 ATM 사업자에 대하여 고객신분을 확인하도록 요구함으로써 비트코인에 대한 감시를 강화하였다. MAS는 비트코인 같은 가상화폐는 싱가포르 규제 체계하에서 증권이나 법정통화로 취급되지 않을 것임을 분명히 하였다. 이는 비트코인은 증권법이나 투자자문업법 또는 선물업법의 적용대상이 아니라는 것이다.

태국에서는 비트코인 회사의 대표들이 규제당국을 상대로 하여 디지털화폐의 합법적 가치를 설득하는 데 실패하여 2013년 7월 태국 중앙은행은 비트코인 거래를 불법으로 결정하였다.[87] 그러다 2014년 3월에 이르러 태국 중앙은행은 입장을 조금 완화하여 "비트코인 거래가 불법은 아니지만 매우 위험한 형태의 전자 데이터로 법정통화로 취급되지 않을 뿐 아니라 아무런 내재가치도 없는 것이다"라고 발표하였다.[88] 태국에는 합법적이고 정부로부터 규제를 받는 수 개의

---

[86] Terence Lee, *Singapore government to tax some Bitcoin transactions*, TECHINASIA (Jan 8, 2014), available at
http://www.techinasia.com/singapore-government-tax-bitcoin-transactions
[87] T*rading suspended due to Bank of Thailand advisement*, BITCOIN CO LTD. (July 29, 2013), available at
http://bitcoin.co.th/trading-suspended-due-to-bank-of-thailand-advisement
[88] Dan Palmer, *Bank of Thailand suggests Bitcoin not illegal but warns against*

비트코인 거래소가 운영되고 있다.[89]

  2014년 1월에 인도네시아 중앙은행 부총재는 비트코인이 여러 인도네시아 법에 위배된다고 하였다. 그러면서도 중앙은행이 비트코인을 감시하거나 규제하기 위한 즉각적인 조치를 취할 계획은 없다고 하였다.[90] 베트남 중앙은행도 가상화폐의 합법성과 마운트 곡스의 붕괴와 같은 재난에 대하여 우려하면서 비트코인의 위험성을 경고하였다.[91] 필리핀 중앙은행도 2014년 3월 비트코인에 대하여 경보를 울렸다. 그러나 가상화폐는 어느 법에 의하여도 규제되지 않고 있다고 하였다.[92] 한국의 금융당국은 2013년 12월에 비트코인을 법정 화폐로 인정하지 않는다고 하면서 가상화폐가 자금세탁방지법이나 금융실명거래법에 위반되는지를 면밀히 감시하고 있다고 하였다.[93] 홍콩 규제당국은 2014년 1월에 가상화폐에 대하여 우려하고 있다고 하면

---

    *its use*, COINDESK (Mar 18, 2014), available at
    http://www.coindesk.com/bank-thailand-says-bitcoin-illegal-warns-use
89 Carlo Caraluzzo, *Thailand approves fully-legal Bitcoin Exchange*, COIN TELEGRAPH (July 10, 2014), available at
    http://cointelegraph.com/news/112043/thailand-approves-fully-legal-bitcoin-exchange
90 Joon Ian Wong, *Indonesia Central Bank warns against Bitcoin Use*, COINDESK (Jan 16, 2014), available at
    http://www.coindesk.com/indonesia-central-bank-warns-bitcoin-use/
91 Jon Southurst, *Vietnam warns against Bitcoin, Invokes the Ghost of Gox*, COINDESK (Feb 28, 2014), available at
    http://www.coindesk.com/vietnam-warns-against-bitcoin-invokes-the-ghost-gox/
92 Warning advisory on virtual currencies, Banko Sentral NG Pilipinas (2014), available at http://www.bsp.gov.ph/publications/media.asp?id=3377
93 Park Hyong-ki, *Korea decides not to recognize Bitcoin as real currency*, KOREA HERALD (Dec 10, 2013), available at
    http://www.koreaherald.com/view.php?ud=20131210000673

서 비트코인이 자금세탁 및 투기수단으로 쓰이고 있는지 모니터링 하겠다고 밝혔다.[94] 인도 규제당국도 가상화폐에 우려를 표시하면서 그 발전과정을 모니터링하고 있다고 하였다.

일본은 2014년 3월에 비트코인은 일본법상 화폐로 간주되지 않을 것이라고 밝혔다. 그 의미는 비트코인에 은행법이 적용되지는 않으며 일반상품과 같이 세금이 부과될 것이고 거래 플랫폼은 제한 없이 운용될 수 있다는 것이다.[95] 은행, 증권, 보험회사를 감독하고 있는 금융청은 2014년 6월에 비트코인에는 자율규제가 적용될 것이라고 하였다.[96] 금융청은 일본은 세계에서 비트코인 사업을 하기에 가장 쉬운 곳이 되어야 하며, 따라서 규제로 이 산업을 옥죄는 일은 하지 않겠다라고 선언하였다. 금융청은 또한 비트코인을 통화도 상품도 아닌 가치의 전자기록으로 정의하고, 특정 비트코인 거래나 양도소득에는 과세할 것이라고 밝혔다. 일본 정부의 전폭적인 지지하에 2014년 7월에 일본디지털자산협회라는 자율규제기구가 출범하였다. 이 자율기구는 비트코인 거래를 위한 표준과 행동규범을 만들었다.[97] 도쿄에

---

[94] Grace Cao, *Finance chief sounds a warning on bitcoins*, STANDARD (Jan 9, 2014), available at
http://www.thestandard.com.hk/news_detail.asp?we_cat=2&art_id=141316&sid=41281750&con_type=1&d_str=20140109&fc=4

[95] Hiroko Tabuchi, *Japan won't impose Banking Laws on Bitcoin*, N.Y.TIMES (Mar 6, 2014), available at http://nyti.ms/1geuTG2

[96] Takashi Mochizuki, *Japan Ruling Party to hold off regulating Bitcoin*, WALL S.J. (June 19, 2014), available at
http://online.wsj.com/articles/japan−ruling−party−to−hold−off−regulating−bitcoin−1403175537

[97] John Southurst, *Government−backed Bitcoin Industry Association to Launch in Japan*, COINDESK (July 10, 2014), available at
http://www.coindesk.com/government−backed−bitcoin−industry−association−launch−japan/

소재한 마운트 곡스 거래소의 파산으로 비트코인 신뢰성에 문제가 생기자 일본 정부는 비트코인을 은행계좌와 같은 제도권 금융수단에 연계시키는 거래 플랫폼을 구축하려고 하고 있으며 일본의 비트코인 사업자들은 이 달갑지 않은 규제를 피하려고 노력하고 있다.[98]

   호주 역시 디지털화폐는 불확실한 지위에 놓여 있다. 2014년 7월에 국세청(Australian Tax Office)은 전문가들로부터 더 많은 의견을 청취하기 위하여 결정은 미뤄지고 있다고 밝혔다.[99] 이러한 불확실성이 호주의 몇몇 은행들이 비트코인 관련 사업자의 계정을 폐쇄하는 결정을 하는 주요한 원인이 되었다. 뉴질랜드 중앙은행 부총재도 7월에 디지털화폐는 돈의 형태와 기원에 대한 도전이며 언젠가 전통적인 화폐를 대체할지도 모른다며 우려를 표시하였다.[100]

   남아메리카 국가들에 있어서 비트코인에 대한 반응은 확실히 뒤섞여 있고 불확실하다. 콜롬비아 중앙은행은 2014년 4월에 비트코인은 법정화폐가 아니며 그 디지털화폐의 위험성에 대하여 조사하고 있다고 밝혔다.[101] 볼리비아 중앙은행은 2014년 6월에 비트코인을

---

[98] Carlo Caraluzzo, *Japanese banker seek to rebuild trust in Bitcoin*, COIN TELEGRAPH (July 27, 2014), available at
http://cointelegraph.com/news/112153/-japanese-banker-seeks-to-rebuild-trust-in-bitcoin

[99] Tristan Rayner, *ATO delays decision on Bitcoin, continues limbo status for cryptocurrency*, TECHLY (July 1, 2014), available at
http://www.techly.com.au/2014/07/01/ato-delays-decision-bitcoin-continues-limbo-status-cryptocurrency

[100] Nermin Hajdarbegovic, *New Zealand Central Banker: Cryptocurrencies could supplant cash*, COINDESK (July 7, 2014), available at
http://www.coindesk.com/new-zealand-central-banker-cryptocurrencies-supplant-cash

[101] Stan Higgins, *Argentinian Money Regulator mandates Reporting on Bitcoin*

완전히 금지시켰다고 발표했다. 아르헨티나 중앙은행은 2014년 5월에 디지털화폐는 알려지지 않은 리스크가 크고, 이 자산의 성격에 대하여 사회적인 합의가 이루어지지 않았다고 경고하였다. 2014년 7월에 아르헨티나 자금세탁방지청(Unidad de Informacion Financiera; UIF)은 아르헨티나의 금융회사들은 디지털화폐 거래를 포함하여 모든 금융거래를 보고하여야 한다고 결정하였다. UIF는 비트코인과 같은 디지털화폐가 자금세탁과 범죄자금 공급에 이용될 가능성이 있는 점을 특히 염려하고 있는 것으로 보인다. 한편 2014년 7월 에쿠아도르 의회는 비트코인 및 다른 탈 중앙집중화된 디지털화폐를 금지시키는 법안을 표결로 통과시키고 정부로 하여금 에쿠아도르 자신의 합법적인 전자화폐를 창출할 것을 촉구하였다.[102] 멕시코의 디지털화폐 옹호론자들도 멕시코 중앙은행과 합법적인 디지털화폐의 창조에 대하여 논의하였는데 그것은 멕시코에 독특한 새로운 블록체인을 만들어 국가화폐의 디지털 버전을 만들자는 것이다.[103] 브라질 규제당국은 가상화폐는 브라질 법상의 전자화폐가 아니며 일종의 자산으로 보유기간에 따라 15%의 양도소득세가 부과된다고 하였다.[104]

---

Activity, COINDESK (July 10, 2014), available at
http://www.coindesk.com/argentinian-money-regulator-mandates-reporting-bitcoin-activity

[102] Stan Higgins, *Ecuador Bans Bitcoin in Legislative Vote*, COINDESK (July 25, 2014), available at
http://www.coindesk.com/ecuador-bans-bitcoin-legislative-vote

[103] Tanaya Macheel, *The case for merging Mexico's Peso with Block Chain Technology*, COINDESK (July 26, 2014) available at
http://www.coindesk.com/case-merging-mexicos-peso-block-chain-technology

[104] Eric Calouro, *Brazil makes statement on Bitcoin, Warns of Risks*, NEWSBTC (Feb 20, 2014), available at
http://newsbtc.com/2014/02/20/brazil-makes-statement-bitcoin-warns-risks

국제적으로 규제당국 간 충분한 협의를 할 시간도 없이 미국은 비트코인과 같은 가상화폐의 출현을 맞이하여 즉흥적이고 임시방편적인 대응들을 강요받아 왔다. 미국에서 비트코인의 지위와 관련한 질문 중에서 '비트코인이 통화로 인정되어야 하는가'보다 더 큰 논쟁과 소용돌이를 일으킨 것은 없다. 주와 연방정부 당국자들은 이 논쟁에 대하여 확고한 입장을 취하여 왔다. 전국납세자연맹의 니나 올슨(Nina Olson)이 미국 국세청(Internal Revenue Service: IRS)에 디지털화폐 거래와 관련하여 납세자들에게 지침을 줄 것을 공식적으로 요구하자 IRS는 채 3개월도 안 된 2014년 3월에 "비트코인 같은 가상화폐는 통화가 아니고 자산이다"라고 통보함으로써 비트코인 업계에 큰 파장을 일으켰다.[105]

조세법규 및 IRS 내규 어디에도 통화에 대해서 정의하고 있지 않으나 법률전문가들은 통화라는 단어는 한 국가에서 법정통화로 받아들여지고 있는 국가화폐를 의미하는 것으로 쉽게 추론할 수 있는 것이라고 한다.[106] 이 결정은 비트코인 보유자는 주식보유자와 같이 취급을 받는다는 것을 의미한다. 비트코인을 1년을 초과하여 보유하고 있다가 매각한 사람은 양도소득세 최고세율인 43.4%보다 낮은 최고 23.8% 세율로 과세될 것이다. 아울러 비트코인 매매로 손실을 본 투자자는 자본소득에서 소득공제 가능하며 1년에 미화 3천 달러까지는 일반소득에서 소득공제도 가능하다.

---

[105] Richard Rubin & Carter Dougherty, *Bitcoin is property, not currency, in Tax system*. IRS, BLOOMBERG (Mar 25, 2014), available at http://www.irs.gov/uac/Newsroom/IRS−Virtual−Currency−Guidance

[106] Victor Fleischer, *Taxes won't kill Bitcoin, but Tax Reporting might*, N.Y.TIMES (Mar 26, 2014), available at http://nyti.ms/1g0p5KU

양도소득세와는 별도로 비트코인 채굴자들은 채굴 당시의 가치로 소득세 신고를 하여야 한다. 고용인으로서 회사에 소속되어 비트코인을 채굴한 자는 근로소득세 신고를 하여야 한다. IRS는 이 결정은 과거에 발생하였거나 미래에 발생할 모든 소득에 적용되며 즉각 발효한다고 하였다. 다만 과거에 소득이 있는 자가 소득세신고를 하지 못한 상당한 이유가 있는 경우에는 처벌을 면제해 주기로 하였다. 이와 같은 IRS의 비트코인에 대한 공격적이고 포괄적인 지침은 비트코인 초창기부터 비트코인이 탈세의 통로로 이용될 것이라는 경고를 해온 선출직 공무원 및 법률전문가들을 의식한 것이라고 할 수 있다.[107] 자유주의 사상을 가진 비트코인 옹호론자들은 때때로 조세회피 의심을 푸는 데 도움이 되지 못한다. 한 저명한 비트코인 전도사는 조세회피가 가능한 국가의 여권을 비트코인을 주고 살 수 있도록 서비스를 제공하자고 제안함으로써 빈축을 샀다.[108]

　IRS의 이 결정은 비트코인 관계자들의 큰 주의를 끌었다. 상원의원 탐 카퍼(Tom Carper)는 IRS를 칭찬하며 이로써 비트코인을 합법적으로 이용하려는 납세자들에게 확실한 지침을 주었다고 말했다. 시티그룹의 외환전략실장 스티븐 잉글랜더(Steven Englander)는 이 결정이 비트코인은 금융체계 밖에서 운영이 가능하며 익명으로 거래를 할 수 있다는 믿음을 포함한 비트코인의 몇 가지 신화를 무너뜨렸다

---

[107] Lauren French, *Bitcoin: Tax haven of the future*, POLITICO (Aug 10, 2013), available at
http://www.politico,com/story/2013/08/bitcoin−tax−haven−95420.html
[108] Jason Clenfiedl & Pavel Alpeyev, *Bitcoin Jesus' promises a virtual paradise*, WASH.POST (June 20, 2014), available at
http://www.washingtonpost.com/business/bitcoin−jesus−promises−a−virtual−prardise/2014/06/19/c050eb38−f59a−11e3−a606−946fd632f9fl_story.html

고 말했다. 잉글랜더는 이 결정이 자산으로서의 비트코인과 거래수단으로서의 비트코인의 갈림길을 만들었다고 하였다.[109]

샌 디에고 대학(San Diego) 법학교수 빅터 플라이셔(Victor Fleischer)는 IRS지침은 법의 허점을 이용하려는 시도를 차단하기 위하여 필요하였다고 한다. 이 지침이 없었더라면 비트코인을 투자목적으로 보유하고 있는 사람이 그 가치가 상승하면 자본소득 익금으로 신고하고, 그 가치가 하락하면 일반소득 손금으로 신고하였을 것이나 이 지침에 의하여 납세자는 자본소득 아니면 일반소득 중 하나를 택하여 일관되게 신고하여야만 한다. 플라이셔는 새로운 환경에서 비트코인이 살아남을지의 여부는 비트코인 이용자들의 의지에 달려 있다고 하면서 비트코인은 지하경제에서 홀로 살아남을 수 없고 그 이용자들이 다른 경우와 마찬가지로 세금을 납부하지 않는다면 IRS는 비트코인을 일시적인 유행에 그치게 만들 것이라고 하였다.

칭찬 일색에 불구하고 플로리다 대학(Florida) 법학교수 옴리 매리언(Omri Marian)은 몇 가지 근본적인 질문이 남아있음을 이유로 이 지침에 비판적이다.[110] 이 지침은 중앙통제소가 없고 서로 다른 가격을 호가하는 여러 개의 거래소가 있으며 분 단위로 가격이 변화무쌍하게 변하는 비트코인의 공정시장가격을 납세자들이 어떻게 신고할지에 대하여 전혀 언급하고 있지 않다는 것이다. 매리언은 예를 들어 오늘 비트코인 가격이 20달러 움직였다면 그것이 같은 거래소에서

---

[109] *Bitcoin at a Fork in the Road, Analyst says*, N.Y.TIMES (Mar 28, 2014), available at http://nyti.ms/1eZROZ9
[110] Lauren French, *Say goodbye to tax-free Bitcoin in the U.S.*, POLLITICO (Mar 25, 2014), available at
http://www.politico.com/story/2014/03/tax-free-bitcoins-united-states-105015.html

거래된 가격 기준인지, 고가 기준인지, 저가 기준인지 알 수 없다고 한다. 더구나 이 지침은 암호화폐 및 국경 없는 화폐의 특성에서 연유하는 탈세 문제를 어떻게 극복할 것인지에 대하여 아무런 언급이 없다고 비판하였다.

더 근본적으로 이 지침은 비트코인의 작동원리를 위협할 수 있다는 주장이 제기되었다. 이 지침이 나오고 얼마 후에 조지타운 로스쿨(Georgetown)의 아담 레비틴(Adam J. Levitin) 교수는 비트코인은 자산으로서 과세됨으로 인하여 그 대체성이 파괴되었으며 따라서 디지털화폐로서 기능할 수 없게 되었다는 글을 발표하였다.[111] 제3장에서 논의된 바와 같이 어떤 것이 돈으로 기능하기 위하여는 (1) 가치저장수단, (2) 교환매개수단 그리고 (3) 계산의 단위로서 기능하여야 한다. 세 가지 기준을 충족시키기 위하여는 돈이라는 것은 나누어질 수 있어야 하고 가치를 증명할 수 있어야 하는 것 외에 대체가 가능하여야 한다. 레비틴은 어떤 사람이 소지한 10달러 지폐는 다른 사람이 소지한 10달러 지폐와 동일한 가치를 가지지만, 어떤 비트코인은 다른 동종 동량의 비트코인과 똑같은 가치를 지니지 않으므로 더 이상 대체 가능하지 않다고 주장하였다.

어떤 비트코인을 취득할 때의 가격이 그것을 소비하였을 때 자본소득을 결정한다. 만약 내가 10달러를 주고 산 비트코인 A를 소비하여 400달러어치 물품을 구입하였다면 나는 내가 390달러를 주고 산 비트코인 B를 소비하여 같은 물품을 샀을 때와 매우 다른 조세상의 취급을 받게 된다.

---

[111] Robinson Meyer, *Why Bitcoin can no longer work as a virtual currency, in 1 paragraph*, ATLANTIC (Mar 26, 2014), available at
http://www.theatlantic.com/technology/archive/2014/03/why−bitcoin−can−no−longer−work−as−a−virtual−currency−in−1−paragraph/359648/

이것은 비트코인이 대체 가능하지 않다는 것을 의미하고 그렇다면 비트코인은 통화로서 기능할 수 없다. 내가 내 지갑 속에 있는 어떤 비트코인을 사용하면 얼마의 세금을 내야 한다는 것을 알고 있어야 한다면 비트코인은 교환의 매개수단으로 기능하지 못한다.

그러나 이 딜레마는 레비틴이 믿는 것처럼 명확하지 않다. 이 교수의 주장에 대하여 포브스(Forbes)지의 기고가 팀 워스톨(Tim Worstall)은 그 자신도 비트코인에 대하여 회의적이기는 하지만 레비틴 교수의 논리에는 동의하지 않는다고 반박하였다.[112] 워스톨은 비트코인은 그것을 어떻게 취득했든 간에 그것을 소비하는 시점에는 대체 가능한 것이라는 것이다. 어떤 비트코인의 가치가 20달러라면 어느 누구든 비트코인으로 20달러어치의 물품이나 서비스를 구매할 수 있다. 워스톨은 다음과 같이 결론지었다.

> 모든 비트코인은 그것을 소비하는 시점에 나에게 오직 1 비트코인 가치의 물건이나 서비스를 가져다 준다. 그래서 비트코인은 완전히 대체적이다. 비트코인을 어디서 어떻게 얼마에 취득하였는지에 대하여는 대체적이지 않다. 그러나 그것은 20달러짜리 지폐에 있어서도 마찬가지이다.

레비틴 교수가 주장한 대로 과세가 비트코인의 교환매개기능을 파괴할 것인지에 대하여 온라인 시장인 세컨드마켓(SecondMarket)의 CEO 배리 실버트(Barry Silbert)는 뉴욕 타임즈와의 인터뷰에서 "나는 지금 많은 회사가 납세를 포함한 모든 과정을 자동화시키는 소프트웨어를 개발하고 있다고 말씀드릴 수 있다"라고 하여 그 가능성을

---

[112] Tim Worstall, *The Taxation of Bitcoin won't mean that Bitcoin fails as a currency*, FORBES (Mar 28, 2014), available at
http://www.forbes.com/sites/timworstall/2014/03/28/the−taxation−of−bitcoin−wont−mean−that−bitcoin−fails−a−currency/

부인하였다. 한 걸음 더 나아가 실버트는 납세관점에서 볼 때 이것이 가장 최선의 결과라고 하였다. 이 뉴욕 타임즈 기사는 아리조나 주립대학 경영대학 부학장 아제이 빈지(Ajay Vinze)의 말을 인용하여 비트코인은 전에 없던 합법적인 지위를 얻었고 이 지침은 비트코인을 진정한 금융자산으로 가는 길목에 올려놓았다라고 하였다. 선구적인 기업가들은 이미 비트코인 이용자들이 IRS지침에 따라 납세의무를 이행하는 데 필요한 새로운 서비스를 제공하기 시작하였다.[113]

그러나 비트코인의 교환매개수단으로서의 유용성은 조세법 외에도 통일상법전(Uniform Commercial Code; UCC)상 문제에 의해서도 도전 받고 있다. UCC란 미국법이 이룬 가장 중요한 발전으로 인정될 만큼 동산에 관한 거래 표준법으로, 사소한 차이는 있지만 50개 주 모두가 주법으로 채택한 법이다. 2014년 봄에 몇몇 법학자들이 암호화폐를 염두에 두지 못하고 만들어진 UCC하에서 비트코인이 어떻게 취급되어야 하는지의 불확실성에 대하여 문제를 제기하였다. 비트코인은 가치저장수단 및 교환매개수단으로 기능하므로 UCC하에서 어떤 형태의 동산으로 분류하여야 할지 곤란한 면이 있다는 것이다.[114] 대부분 상법학자들은 이제 막 비트코인의 UCC 적용문제에 대하여 관심을 가지기 시작했지만 몇몇 학자들은 이미 비트코인은 UCC 제9조 적용 목적상 무체동산(general intangible)이나 금전채권(payment

---

113 Kashmir Hill, *The Bitcoin taxman cometh: calculating how much crypto-investors owe IRS could be easy*, FORBES (Mar 25, 2014), available at http://www.forbes.com/sites/kashmirhill/2014/03/25/bitcoin-taxman-cometh-this-start-up-wants-to-help-crypto-investors-pay-the-irs/
114 Robert N.Gilbert et al., *Bitcoin and other cryptocurrencies: Regulatory and Commercial Law Concerns*, COM.L. (April 29, 2014, 1:22PM), available at http://ucclaw.blogspot.kr/search?q=bitcoin

intangible)으로 분류되어야 한다는 의견을 내놓았다.

제9조는 토지나 건물 같은 부동산이 아닌 동산에 대한 담보물권에 대하여 규정하고 있는 조문이다.[115] 예를 들어 제과점 사장은 제과점 내에 있는 기계, 집기, 비품, 재고품(빵, 케이크 등), 받을 채권 등을 담보로 잡히고 은행으로부터 돈을 빌릴 수 있다. 이 경우 UCC 제9조에 의거 은행은 제과점 내의 동산에 대하여 포괄적인 담보권행사가 가능하다. 이렇게 되면 제과점 주인이 보유하고 있는 비트코인도 담보의 대상이 되는 것이다. UCC 9-315(a)(1)에는 담보권자와 담보제공자간 다른 약정이 없는 한 은행의 담보권은 담보물에 부종하여 담보물의 처분에 불구하고 계속 유효하다고 규정하고 있다.

이에 따라 비트코인에 부가된 은행의 담보권은 제과점 주인이 그 비트코인을 소비해 버리고(밀가루 구입대금으로 지불 등) 난 후에도 계속 그 비트코인에 붙어 있다. 이는 비트코인을 취득한 자는 언제든지 은행에 의하여 소유권을 빼앗길 수 있다는 의미이다. 이론적으로 은행은 제과점주인이 대출금을 상환하지 않으면 해당 비트코인의 주인이 바뀐 경우에도 동 비트코인을 압류할 수 있다. 사실 실무상 채무자의 동산에 대하여 포괄적으로 담보를 설정하므로 은행을 포함한 많은 금융기관들은 부지불식간에 채무자 소유 비트코인을 담보로 잡고 있는 경우가 많이 있을 것이다. 이와 같이 만약 비트코인이 UCC 제9조의 동산채권의 정의에 포섭된다면 비트코인의 교환매개수단으로서의 유용성은 크게 훼손될 수밖에 없다.

---

115 Bob Lawless, *Is UCC Article 9 the Achilles Heel of Bitcoin?*, CREDIT SLIPS (Mar 10, 2014, 8:17PM) available at
http://www.creditslips.org/creditslips/2014/03/is-ucc-article-9-the-achilles-heel-of-bitcoin.html

UCC 9-332에 따르면 돈은 담보권과 관계없이 자유롭게 이전될 수 있다고 함으로써 돈이 교환매개수단으로 기능할 수 있도록 하였다. 비트코인 옹호론자들은 IRS 같은 규제당국이 비트코인을 자산으로 분류한 것은 잘못된 것이며 비트코인은 UCC 적용상 돈과 비슷한 어떤 것으로 취급되어야 한다고 주장한다. 불행히도 현행법상 이 주장이 받아들여질 것 같지는 않다. 왜냐하면 UCC 1-201(b)(24)에는 분명히 돈은 우리정부나 외국정부에 의하여 공식으로 채택된 교환의 매개수단이라고 되어 있기 때문이다. 따라서 UCC 적용상 비트코인의 지위는 좋게 보아야 불확실하고, 나쁘게 보면 치명적이다. 이 문제를 풀기 위한 방법으로는 세 가지 가설이 가능하다. 돈에 관한 UCC 정의조항을 수정하는 것, 미국정부와 다른 나라 정부를 설득하여 비트코인을 법정화폐로 인정하게 하는 것, 그리고 법원이 형평법상의 판단으로 UCC의 룰을 비트코인에 대하여는 적용하지 않기로 결정하는 것이다.

한편 채권자의 입장에서도 풀어야 할 숙제가 있다. 현행법하에서 채무자의 비트코인을 담보로 확보하는 것이 쉽지 않기 때문이다. UCC룰에 따르면 채권자는 채무자 및 채무자가 예금을 보유한 은행과의 세 당사자 간에 그 은행계좌에 대한 통제권한에 대하여 합의서를 작성하고 서명함으로써 그 계좌에 있는 돈에 대하여 담보권을 취득할 수 있다.[116] 그러나 비트코인 거래소는 연방은행법상 은행으로 취급되지 않으므로 거래소 계좌에 보유하고 있는 비트코인은 UCC

---

[116] Pamela J. Martinson & Christopher P. Masterson, *The Hazards of Lending to Bitcoin Users*, AM BANKER (Jan 2, 2014), available at http://www.americanbanker.com/bankthink/the−hazards−of−lending−to−bitcoin−users−1064622−1.html

적용상 예금계좌에 해당하지 않고 따라서 위와 같은 방식의 담보권 설정이 허용되지 않는다. 결국 채권자가 채무자가 보유하고 있는 비트코인에 대하여 담보권을 설정하기 위하여는 주 정부에 UCC-1 financing statement[117]를 제출하는 절차를 밟아야만 한다. 그러나 이 방식은 번거로움으로 인하여 실무상 선호되지 않는 방식이다.

은행과 계좌통제 약정을 하는 경우, 은행이 채권자가 필요한 시기에 언제든지 자금을 인출할 수 있도록 허용해 준다. 그러나 UCC-1에 따를 경우 채권자가 비트코인 거래소 계좌에서 비트코인을 인출하는데 시간이 많이 걸리고, 비용도 많이 소요되며, 무엇보다 인출할 수 있을지도 불확실하다. 여기에 디지털화폐의 익명성이나 변동성까지 감안한다면 채권자들이 채무자 소유 비트코인에 관심을 덜 가질 수밖에 없는 충분한 이유가 설명된다.[118] 최근에는 대출약정에서 차입자가 비트코인을 사용하거나 물건대금을 비트코인으로 수령하거나 비트코인 계좌를 보유하지 않도록 금지조항(Covenant)을 추가하는 경우도 생기기 시작하였다. 채무자들이 비트코인 영업을 하지 않는다고 서약하는 진술보증조항(Representation & Warranty)도 삽입되기 시작하였다. 이러한 조항들이 비트코인이 교환매개수단으로 널리 쓰이는 데 장애가 될 것임은 분명하다.

한편 보다 지엽적인 문제에 있어서도 현행 규제가 비트코인에 대

---

117 [역자주] 채무자 소유 동산에 담보를 설정하였다는 내용을 공시하기 위하여 채권자가 주 정부에 제출하는 서류를 말한다.
118 Jonathan W.Riley, *United States: Heads I win, Tails you lose? Bitcoin as collateral is no to good bet*, LENDINGL.REP. (Jan 16,2014), available at http://www.lendinglawreport.com/2014/01/articles/collateral/heads-i-win-tails-you-lose-bitcoin-as-collateral-is-not-a-good-bet/

하여 어느 정도까지 적용되어야 하는지 여전히 불투명하다. 예를 들어 의회연구소(Congressional Research Service)가 2013년 12월에 제출한 보고서에 따르면 연방 위조범죄는 오직 인터넷과 컴퓨터상에만 존재하는 디지털 형식의 화폐에는 적용되지 않는다고 발표하였다.[119] 이 보고서는 1862년 Stamp Payment Act의 적용과 관련하여서도 비슷한 문제를 제기하여 비슷한 결론을 지었다. 이 법에 따르면 미화 1달러 미만의 작은 단위의 토큰이나 수표 등을 발행하는 것이 연방범죄로 규정되어 있는바, 비트코인이 이 법에 위반될 소지는 크지 않다는 것이다. 비트코인이 전 세계를 대상으로 인터넷상에서 통용되어 1달러 미만 결제에 사용되므로 이 법이 비트코인에 적용되어야 한다는 주장이 있을 수 있지만 물리적인 실체가 없는 화폐가 이 법의 적용대상이라고는 생각되지 않는다라고 결론지었다. 이와 비슷하게 전자자금이체법(Electronic Fund Transfer Act)도 예금금융기관이 거래구조에 포함되지 않은 경우라면 디지털화폐 거래에는 적용되지 않을 것으로 보인다는 의견을 제시하고 있다. 비트코인 거래가 스위스의 경우처럼 제도권 금융기관과 연계되어 일어나는 경우 앞서의 분석 결과가 바뀔지에 대하여는 좀더 지켜보아야 한다.

한편 이 보고서는 상품선물거래위원회(Commodity Futures Trading Commission; CFTC)가 비트코인을 CFTC가 관할하는 상품에 해당한다거나 또는 외환거래에 해당한다고 결정할 수는 있을 것이라고 하였다. 상품거래법(Commodity Exchange Act)에 따르면 상품은 포괄적으로 정의되어 모든 다른 물건을 포함하고 있으며 외국통화나 외환에 대하여는 별도로 정의하고 있지 않기 때문이다. 이 보고서는 또한

---

[119] Congressional Release Service, Bitcoin: Question, Answers, and Analysis of legal issues (2013), available at http://fas.org/sgp/crs/misc/R43339.pdf

비트코인이 각국의 통화를 가상화폐와 관련된 투기적 세력의 공격으로부터 수호하여야 할 책무가 있는 국제통화기금(IMF)에 문제를 일으킬 소지에 대하여도 언급하였다.

마지막으로 비트코인이 통화나 돈으로 취급될 수 있느냐의 문제는 선거자금 기부와 관련하여서도 문제되고 있다. 2013년 11월에 연방선거관리위원회(Federal Election Commission; FEC)는 선거캠프에 비트코인을 기부하는 것을 현금보다 비교적 기부에 제한이 없는 현물(주식이나 채권 같은)기부로 취급하겠다는 방침을 밝힌 바 있다.[120] FEC는 비트코인은 어느 나라의 통화도 아니고 그렇다고 양도성증권도 아니므로 선거관리위원회 내규상 돈이 아니고 따라서 비트코인을 기부 받은 정치인은 이를 현금기부로 취급할 필요가 없다고 밝혔다.

이후 정치활동위원회(Political Action Committee; PAC)의 요청에 따라 FEC는 몇 달 후인 2014년 3월에 위의 해석을 다소 수정하였다.[121] FEC는 만장일치로 비트코인을 돈이나 또는 그러한 가치가 있는 어떤 것으로 정의하자는 PAC 권고안에 동의하였다. 이에 따라 PAC는 비트코인을 받아 달러와 바꾸거나 아니면 계속 보유할 수 있다. PAC는 공개시장에서 비트코인을 구입할 수도 있으나 소비를 위하여는 반드시 미 달러화와 바꾸어야 한다.

양당을 대표하는 위원회 멤버들은 권고안에 대하여 서로 다른 평

---

[120] Byron Tau, *FEC poised to allow Bitcoin campaign donations*, POLITICO (Nov 7, 2013), available at
http://www.politico.com/story/2013/11/bitcoin−campaign−donations−draft−rule−99566.html
[121] Nick Corasaniti, *Election Commission votes to allow Bitcoin Donations*, N.Y.TIMES (May 8, 2014), available at http://nyti.ms/1itvusz

가를 하였다. 민주당 지명자인 엘렌 웨인트라웁(Ellen Weintraub)은 PAC 권고안은 오직 1인당 100달러에 상응하는 비트코인 기부를 허용해 달라는 것이었으므로 이에 동의하였다고 밝혔다. 그녀는 100달러 상한은 우리에게 중요하다면서 혁신에 대한 열망과 시스템의 투명성을 잘 조화시켜야 한다고 주장하였다. 공화당 지명자로서 FEC 의장인 리 굿맨(Lee Goodman)은 웨인트라웁의 견해에 반대하면서 PAC 권고안은 단순히 비트코인을 현물과 같이 취급하여 달라는 것이었지 현금으로 취급해 달라는 것이 아니었다면서 결국 연방법상 기부금 한도가 유일하게 적용되는 제한이라고 주장하였다. 이 한도는 개인에 대하여는 후보당 2,600달러, 한 PAC에 대하여는 5,000달러이다.

이 FEC의 결정은 전국적으로 양 당의 후보들이 이미 비트코인을 선거자금으로 받기 시작한 후 나온 것이었다. 텍사스 주지사 후보 그렉 애보트(Greg Abbott)는 한 달 전인 2014년 2월에 비트코인을 선거기부금으로 수령하겠다고 밝혔다. 그 홍보담당자 맷 허쉬(Matt Hirsch)는 뉴욕 타임즈와의 인터뷰에서 "비트코인과 같이 혁신적인 것은 특히 텍사스가 좋아하는 자유시장원리에 부합하는 것으로 우리 선거캠프가 계속 홍보해야 할 것"이라고 말하였다. 오클랜드 시장후보자 브라이언 파커(Bryan Parker)도 비슷하게 비트코인을 민주 화폐로 칭찬하면서 자신의 혁신에 대한 개방성을 보여주는 소재로 삼으려 하고 있다. 양당의 정치전략 조언자들은 현행의 정치자금기부시스템에 비트코인을 포함시키는 것을 지원하고 있다. FEC의 결정은 후보자들 사이에 가상화폐 기술에 대한 관심이 크게 일고 있는 뉴 햄프셔 주에서 특히 주목을 끌고 있다. 게다가 오직 비트코인으로만 선거자금을 기부 받으려는 후보들이 미국과 유럽에서 생겨나고 있다.[122] 정치인들의 비트코인에 대한 이러한 열의는 점증하는 비트코인 로비스트들의 영향으로 인하여 더욱 확산되고 있다.

### 비트코인 로비스트

비트코인 로비스트들이 규제당국이나 선출직 공무원들을 얼마나 잘 설득하는지에 따라 미래의 비트코인 규제는 더 잘 정착될 수 있다. 2013년 가을에 비트코인 가격이 폭등하고 의회의 관심이 높아지면서 비트코인이 워싱턴 문제[123]에 직면하였다는 것은 명확해졌다.[124] 비트코인은 단순한 호기심 차원에서 벗어나 규제당국과 입법자가 그것을 더 잘 이해하고 어떻게 다뤄야 할지 결정해야 하는 이슈로 바뀌었다. 중앙통제소가 없는 탈 중앙집중식 네트워크라는 특징 및 창조자가 신비에 싸인 알려지지 않은 인물이라는 특징 때문에 비트코인은 다른 산업분야나 이익단체와 달리 로비를 통하여 자신의 이익을 지키기가 어려운 것이 사실이다.

대략 자유지상주의자이면서 대부분의 시간을 디지털화폐에 관련된 일에 보낸 기술자들인 비트코인 사업자들은 미국 의회에 자신의 모습을 드러내야 할 필요성에 당황하고 있다. 디지털화폐 거래조합

---

122 Stan Higgins, *Congressional Candidate to fund campaign entirely with Bitcoin*, COINDESK (July 12, 2014), available at
http://www.coindesk.com/candidate-disavows-dollar-bitcoin-only-donations
123 [역자주] 미국 의회를 상대로 한 로비력이 사업 성패의 중요한 요소라는 의미이다.
124 Andrea Drusch, *Bitcoin's Washington Problem*, POLITICO (Aug 22, 2013), available at
http://www.politico.com/story/2013/08/bitcoins-washington-problem-95803.html

(Digital Asset Transfer Authority; DATA)의 창립자인 스텐 스톨네이커(Stan Stalnaker)는 폴리티코(Politico)와의 인터뷰에서 "우리들에게 로비의 개념과 워싱턴의 작동원리는 다소 위압적으로 느껴진다. 우리는 대부분 실리콘 밸리의 기술자들이고 컴퓨터 코드 속에서 살아왔다. 워싱턴의 권력 구조에 대한 개념은 외부사람들이 이해하기 어렵다"고 하였다. 비트코인 사업자들은 자신들이 기존의 금융시스템으로부터 적대적인 공격을 받게 될 것이라는 점을 우려하고 있다. 소규모 벤처회사나 비트코인 거래소는 약간의 규제에도 큰 상처를 받기 쉽다.

2012년 9월에 창립된 비트코인 재단(Bitcoin Foundation)은 비트코인을 위하여 의회에 로비를 해 온 가장 오래된 단체이다.[125] 2013년에 비트코인 재단은 작고 금방이라도 무너질 듯한 조직에서 전문적이고 영향력 있는 단체로 급속히 성장하였다. 그 이사회 멤버들은 이 책에서도 많이 소개된 명사들이 포함되어 있다. 그중에는 개빈 안드레센(Gavin Andresen), 존 마토니스(Jon Matonis), 패트릭 머크(Patrick Murck) 그리고 바비 리(Bobby Lee)가 있다.[126] 앞서 보았듯이 이 재단의 이사들은 비트코인에 대하여 우호적인 결정을 이끌어낸 2013년 가을의 미 의회 비트코인 청문회에서 중요한 역할을 하였다. 뉴욕 변호사인 마르코 산토리(Marco Santori)는 이 재단의 규제위원회 의장으로 지내면서 미 전역에 걸쳐 새로운 규제를 마련하고 있는 규제당국들과의 미팅에서 적극적인 역할을 하였다. 산토리는 재단의 역할에

---

[125] Jon Matonis, *Bitcoin Foundation Launches to drive Bitcoin's advancement*, FORBES (Sept 27, 2012), available at
http://www.forbes.com/sites/jonmatonis/2012/09/27/bitcoin−foundation−launches−to−drive−bitcoins−advancement/
[126] *Board Members*, Bitcoin Foundation (last visited July 10,2014), available at https://bitcoinfoundation.org/about/board

대하여 정부 정책담당자들이 찾는 첫 번째 자문기구의 지위를 만들어 가는 것이고, 비트코인은 워싱턴에 목소리를 낼 만한 자격이 있으며 재단은 그 목소리를 분명하게 조율하는 것이라고 하였다.

2013년 10월에 이 재단은 해리티지 재단에 근무한 경력이 있는 전 의원보좌관 이진영(Jinyoung Lee Englund)을 마케팅 및 커뮤니케이션 담당으로 고용하였다. 이 재단은 또한 로펌 퍼킨스 코이(Perkins Coie)를 고용하여 FEC가 비트코인 같은 가상화폐를 정치기부금으로 받을 수 있도록 허용하도록 설득하는 데 성공하였다. 또한 이 재단은 워싱턴 로비회사 쏘어슨 프렌치 어드보커시(Thorsen French Advocacy)도 고용하였다. 내부 인사면에 있어서도 케이토연구소(Cato Institute)의 짐 하퍼(Jim Harper)를 고용하여 글로벌정책팀을 맡겼고, 웨이스 퍼블릭 어페어(Weiss Public Affair)의 에이미 웨이스(Amy Weiss)를 고용하여 언론특보로 삼았다. 이 재단은 자원봉사자들과 협력하여 비트코인 표준 위원회를 만들고 이 조직에서 디지털화폐를 위한 단일 상징과 호칭을 마련하는 등 이미지 통일화 작업에도 힘을 쏟고 있다.

아이러니하게 이 재단은 신 산업의 규제 모습을 만들어가는 데 참여하면서도 그 자신이 비트코인 규제와 관련된 문제들을 경험하였다. 워싱턴 주 시애틀에 주소를 두고 워싱턴 D.C.에 비영리기업으로 등록하여 운영을 해온 비트코인 재단은 캘리포니아 재무국으로부터 2013년 6월에 업무정지명령을 받았다. 이 재단이 인가를 받지 않고 자금송금업에 종사하였다는 혐의였다.[127] 그 해 가을에는 재단 이사장

---

[127] Joe Mantis, *Bitcoin Foundation Receives Cease and Desist order from California*, FORBES (June 23, 2013), available at
http://www.forbes.com/sites/jonmatonis/2013/06/23/bitcoin-foundation-receives-cease-and-desist-order-from-california/

피터 베센스(Peter Vessenes)가 운영하는 벤처회사 코인랩(CoinLab Inc.)의 비트코인 채굴 자회사가 파산하였다.

마운트 곡스의 대표이사 마크 카펠레스(Mark Karpeles)는 이 재단의 출범을 도왔고 거래소가 2014년 2월 해커의 공격으로 파산신청을 하기 며칠 전에 사임하기까지 이 재단의 이사회 멤버였다. 24살의 전 재단 부의장 찰리 쉬렘(Charlie Shrem)은 미국 당국이 그를 실크로드 사이트를 통하여 100만 달러가 넘는 돈을 자금세탁하는 데 공모한 혐의로 기소한 후인 2014년 1월에 사임하였다.

2014년 5월에 카펠레스와 쉬렘이 각각 비트코인 차이나의 CEO인 바비 리와 전 아역배우이면서 현재는 벤처투자가인 브록 피어스(Brock Pierce)로 교체된 후에 재단 관계자들이 이 재단 이사회의 전문성 부족과 피어스의 아동포르노 스캔들 연루 문제를 항의하면서 이사회 멤버들이 대거 사직하였다.[128] 블록체인인포(Blockchain.info)의 보안책임자(Chief Security Officer; CSO)인 안드레아스 안토노풀로스는 투명성이 완전히 결여된 비트코인 재단과는 앞으로 어떠한 인연도 맺지 않겠다라고 불평하며 2014년 7월에 재단을 떠났다. 심지어 전 재단 관계자는 현재의 비트코인 재단을 대체하는 비트코인 이익단체를 만들기 위하여 필요한 자금을 조달하는 소프트웨어를 만드는 자에게 10만 달러의 포상금을 걸기도 하였다. 이러한 어려움에도 불구하고 이 재단은 현재까지도 살아남아 로비와 소통 역할을 적극적으로 하고 있다.

---

[128] *Bitcoin Foundation in turmoil following Board Election*, PYMNTS.COM (May 13, 2014), available at
http://www.pymnts.com/news/2014/bitcoin-foundation-in-turmoil-following-board-elections/#.U3Mi7ChWCRM

앞으로 가상화폐 로비 분야는 언론의 관심, 벤처투자 증대, 규제에 대한 관심이 커지면서 더 다양해지고 경쟁이 치열해질 것으로 전망된다. 비트코인 재단의 어려움은 2014년 7월에 비트코인 언론인이자 활동가인 페리엔 보링(Perianne Boring)이 이끄는 디지털상공회의소가 독립적이고 새로운 비트코인 로비 및 옹호단체로 출범한 사실에서 알 수 있다. 보링은 규제당국이 2015년 말까지 비트코인의 운명을 어떻게든 결정지으려 하는 것을 알기 때문에 비트코인 로비의 필요성을 느끼게 되었다고 말하였다.

비트코인 경제가 성장하고 기관투자가들이 점점 디지털화폐에 투자하면서 다른 회사들도 비트코인 로비 업무에 뛰어들고 있다. 구글과 같은 큰 회사도 실리콘 밸리의 자원을 가져와 비트코인 투자에 사용할 수 있다. 애플, 디씨 네트워크, 아마존 같은 회사도 곧 비트코인 사업에 진입하려는 신호를 보내고 있다. 비트코인 벤처 회사들은 벌써 프로몬토리 파이낸셜 그룹(Promontory financial Group) 같은 힘있는 규제컨설팅 회사를 고용하기 시작하였다. 이 컨설팅 회사에는 전직 증권거래위원회 의장 메리 샤피로(Mary Shapiro)가 근무하고 있다. 아직 비트코인 산업이 큰 비중을 차지하지는 않지만 프로몬토리는 디지털화폐 규제와 관련한 로비업무가 확대될 것으로 전망하였다. 프로몬토리 영업이사인 콘레드 알트(Konrad Alt)의 말에 따르면 비트코인 산업이 미국의 규제체계가 요구하는 것들을 준수하기 위하여는 아직 해야 할 일이 많다고 한다.

# VI

# 결론: 비트코인 규제에 대한 전망

나는 비트코인이 매우 중요한 발전을 가져올 잠재력을 가지고 있다고 생각한다. 어떤 경제학자들은 심지어 인터넷도 팩스 기계만큼 중요한 것은 아니라고 한다. 따라서 나도 비트코인을 무시할 생각은 없다.
그러나 이와 동시에 비트코인이 법을 회피하기 위한 수단으로서 번창하는 것은 가능하지 않을 것이라는 점을 인식하는 것이 중요하다고 생각한다.

- Larry Summers, 2014 [1]

미국과 다른 나라에서 비트코인을 전통적인 법체계 내에서 어떻게 수용하느냐에 대하여 다양한 결정들이 나오고 있다. 2013년 가을에 비트코인의 가격이 급등하면서 이에 대한 반응으로 최근에 이러한 결정들이 많이 이루어졌다. 전 미국 조폐국 이사 에드먼드 모이(Edmund Moy)는 디지털화폐에 너무나도 많은 법적 이슈가 있고 각 규제당국에서는 오직 자신이 이해하는 프리즘으로만 비트코인을 바라다 보니 현행의 비트코인 규제는 조각조각 흩어져 있고 상충하고 있다고 말했다.

---

[1] M.J.Lee & Kate Davidson, *What Larry Summers thinks about Bitcoin Fiscal confidence up slightly since January*, POLITICO (Feb 25, 2014), available at http://www.politico.com/morningmoney/0214/morningmoney13103.html

각 규제당국은 그 기관의 임무에 비추어 비트코인을 바라본다. 상품선물거래위원회는 상품과 관련된 법규를 집행하는 일을 하므로 비트코인을 상품으로 본다. 연방무역위원회는 비트코인을 물물교환이나 거래이슈로 본다. 연방선거위원회는 후보자에 대한 투자관점에서 보고, 국세청은 조세관점에서 본다.[2]

2013년의 기록적인 12개월 상승을 지켜보고 한 사설가는 비트코인은 지금까지 창조된 어떤 다른 화폐와도 다르기 때문에 앞으로 무슨 일이 벌어질지 예측하기 어렵다고 하였다. 2014년 2월 상원 국토안보 및 정무위원회가 발표한 비트코인 조사연구자료에 따르면 조사대상 40여 개 국가 중 오직 몇 개 나라만이 비트코인에 대하여 구체적인 정책을 가지고 있다. 중국과 브라질이 그 나라들이라고 하였다. 이 보고서는 비트코인에 대한 논쟁과 규제는 아직 유아기 수준이라고 결론을 맺고 있다. 도지코인(Dogecoin)이라고 불리는 가상화폐의 공동 창립자 잭슨 팔머(Jackson Palmer)는 2014년 7월에 "나는 암호화폐에 대하여는 전망하지 않으려 한다. 6개월은 암호화폐에서는 무엇이든지 일어날 수 있는 시간이다"라고 하였다.

비트코인 상품과 거래가 급속히 증가함에 따라 미국의 금융규제체계가 번개 같은 속도로 이에 적응하여야 할 압박을 받게 될 가능성이 있다. 2014년 3월에 뉴욕주 금융감독청의 벤자민 로스키(Benjamin M. Lawsky)는 뉴욕주에서 비트코인 관련 사업을 하려는 자에게 허가를 받도록 하는 방안을 검토하고 있으며 여름까지는 검토가 종료될 것이라고 하였다.[3] 로스키는 의견을 수렴하여 2014년 7월에 가상화폐

---

[2] Stan Higgins, *Former US Mint Director: How to save bitcoin from the regulators*, COINDESK (July 9, 2014), available at http://www.coindesk.com/former-us-mint-director-save-bitcoin-regulators

[3] Rachel Abrams, *Virtual Exchange Plans are sought in New York*, N.Y.TIMES

허가제 방안을 공개하였다.[4] 비트코인을 오직 상품과 서비스를 매매할 목적으로만 사용하는 판매자와 구매자에 대하여는 허가 의무를 면제하여 주었지만, 그 외에 뉴욕주에서 가상화폐 사업에 종사하고자 하는 자는 누구든지 허가를 받도록 의무화하였다. 이 허가 대상에는 가상화폐를 수령하거나 전달하는 행위, 다른 사람을 위하여 가상화폐를 담보로 제공하거나 보유하거나 맡아주는 행위, 업무로서 가상화폐를 사고 파는 행위, 업무로서 가상화폐를 다른 가상화폐 또는 국가화폐와 교환하는 행위, 가상화폐를 발행하거나 통제하거나 운영하는 행위를 망라한다.

로스키의 새로운 비트코인 허가제는 즉각적으로 거센 비판을 받았다. 규제방침이 발표되고 나서 곧 소집된 비트코인 주요관계자 회의에서 이들은 허가제에 경악하면서 그것을 무차별적 접근이라고 조롱하였다. 몇몇 사람들은 비트코인을 그대로 보유하지 못하고 강제적으로 미국 달러화로 교환하게끔 한 것으로 보이는 규제에 대하여 성토하였다.[5] 이 허가제는 천편일률적인 규제로, 예를 들어 자기 친구와 가족들의 돈을 비트코인으로 저축하게끔 도와주려는 컴퓨터광인 뉴욕 주 고등학생에게도 수백만 달러를 거래하는 비트코인 거래소와 똑같은 법령준수 의무를 부담시키고 있다.

---

(Mar 11, 2014) available at http://nyti.ms/ldNocO3
4 Stan Higgins, *New York reveals BitLicense framework for Bitcoin Business*, COINDESK (July 17, 2014), available at
http://www.coindesk.com/new−york−reveals−bitlicense−framework−bitcoin−businesses
5 *By far, THIS is the most damning part of the BitLicense*, REDDIT (July 20, 2014), available at
http://www.reddit.com/r/Bitcoin/comments/2b53fm/by_far_this_is_the_most_damning_part_of_the/

또한 이미 모든 인허가를 받아 운영되고 있는 은행을 제의하고는 비트코인과 관련된 은행서비스를 제공하는 것을 불법으로 규정하였다는 점에서 이 규제는 잘못 만들어졌다는 비판도 있다.[6] 법원은 통상 암호화 소프트웨어를 만드는 것에 우호적이고 언론 자유의 하나로 보려고 하겠지만, 위의 허가를 받지 않고 비트코인의 공개 소프트웨어를 수정한다면 그 행위가 불법적으로 가상화폐를 발행, 통제, 운용하는 행위에 해당된다고 해석할 여지가 있다.[7]

비트코인에 관심이 많은 테네시 주 변호사이자 회계사인 션 킹(Sean G. King)은 새 규제가 문제가 많다고 생각하여 그에 대한 법률적, 논리적 문제점에 대하여 글을 썼다.[8] 킹은 가상화폐, 전송, 가상화폐활동 같은 용어들이 너무 광범위하게 정의되어 있어 사실상 집행이 불가능할 정도로 의도하지 않은 규제로 확대되어 있다고 주장하였다. 또한 킹은 이 규제는 블록체인의 기술적 특성을 무시한 채 마련되어 뉴욕 주 금융당국의 좁은 시각으로 모든 블록체인 기술을 규제하려고 하는, 그래서 사실상 인터넷을 규제하는 오류를 범하고

---

[6] Tom Worstall, *How to stop Bitcoin Banking; Give it a BitLicense in New York*, FORBES (July 19, 2014), available at
http://www.forbes.com/sites/timworstall/2014/07/19/how−to−stop−bitcoin−banking−give−it−a−bitlicense−in−new−york/

[7] Kyle Torpey, *Satoshi Nakamoto is a criminal under proposed BitLicense Regulations*, CCN (July 18, 2014), available at
http://www.cryptocoinsnews.com/news/satoshi−nakamoto−criminal−proposed−bitlicense−regulations/2014/07/18

[8] Sean G. King, *Here are my official comments on the New York Department of Financial Services' Proposed Bitcoin and Virtual Currency Regulations*, WEFIVEKINGS (July 26, 2014, 12:42 PM), available at
http://wefivekingsblog.blogspot.ch/2014/07/here−are−my−official−comments−on−new.html

있다고 비판하고 있다.

비트코인 옹호론자들은 뉴욕 주 금융당국의 "새로운 허가제가 뉴욕 주에 있어서 직업과 고용에 미칠 부정적 영향이 없으므로 이 규제에 따른 직업영향 평가를 하지 않겠다"는 말에 격분하였다. 이와 같은 가상화폐의 잠재력에 대한 무시는 비트코인 공동체의 로스키에 대한 불신을 증폭시켜, 로스키가 정치적인 속셈이 있는 은행 규제가로서 그가 이끄는 뉴욕 주 금융감독청을 갈취하는 조직으로 만들고 있다는, 이 사건과 직접 관련 없는 험담이 함께 퍼지고 있다.

비트코인 재단의 법률담당 페트릭 머크(Patrick Murck)가 이 규제의 개선을 촉구하는 개선안을 작성하여 제안한 사람에게 포상금을 지급한다고 발표한 후에 비트코인 옹호론자들은 공동으로 그들 자신의 규제안을 만들고 있다.[9] 머크는 제3자 지갑 앱 서비스 제공자가 모든 거래마다 거래 양당사자의 이름, 계좌번호, 주소를 파악하여야 한다는 비현실적인 규제에 대하여 비난하고 나섰다. 로스키와 같이 비트코인 동호인들과 규제에 대하여 협업하려는 생각이 있는 규제당국자들도 구체적인 법적 요건 등을 정함에 있어서는 가상화폐의 성공적인 정착을 바라는 사람들이 원하는 수준에 맞추기는 어려울 것으로 보인다.

다른 주에서는 새로운 규제가 논의되고 있다. 2014년 6월 말에 캘리포니아 주지사 제리 브라운(Jerry Brown)은 129호 입법안에 서명하

---

[9] Josiah Wilmoth, *BitLicense Regulations Forked on GitHub by Bitcoin Community*, CCN (July 19, 2014), available at
http://www.cryptocoinsnews.com/news/bitlicense−regulations−forked−github−bitcoin−community/2014/07/19

였는데 그것은 비트코인과 기타 가상화폐를 캘리포니아 주 내에서 합법적인 돈으로서의 지위를 부여하고자 하는 것이다.[10] 비트코인의 지위는 주법과 연방법에 의하여 결정되겠지만 캘리포니아에 전미 비트코인 산업의 40%가 집중되어 있는 현상을 보면 캘리포니아 주에는 디지털 산업을 보호하려는 강한 정치적 의지가 있음은 분명하다. 반면 미주리 주와 아이오와 주는 비트코인 등 가상화폐에 대한 투자주의보를 계속 발하고 있다. 2014년 4월에 텍사스 주 은행위원회의 찰리 쿠퍼(Charles Cooper)는 미 국세청의 결정을 닮은 메모를 발표하여 이 시점에 비트코인 같은 가상화폐는 돈이라기보다는 투기수단으로 보인다고 하였다. 교육 또는 의료문제와 같이 전국적으로 관심 있는 이슈에 대하여 종종 그러하듯이 개별 주들은 디지털화폐에 대하여 고유한 규제를 시도할 것이고 이에 따라 결국 가까운 장래에 각 주 별로 각기 다른 다양한 스펙트럼을 가진 비트코인 규제가 존재할 가능성이 크다.

한편 비트코인을 이용한 새로운 금융상품의 출현이 정부의 규제와 감시를 유인하는 계기가 될 것이다. 테라 그룹(Tera Group Inc.)이라고 불리는 회사는 2014년 3월에 비트코인 가격 변동성을 헤지하고자 하는 수요자를 위하여 비트코인 가격을 기초자산으로 하는 스왑상품을 개발하였다고 발표하였다.[11] 테라는 현재 상품선물거래위원회

---

10 Pete Rizzo, *California governor grants Bitcoin 'Legal Money' status*, COINDESK (June 29, 2014), available at
   http://www.coindesk.com/california-governor-grants-bitcoin-legal-money-status
11 Matthew Leisin & Silla Brush, *Bitcoin Swaps Near Reality as Tera creates legal framework*, BLOOMBERG (Mar 24, 2014), available at
   http://www.bloomberg.com/news/2014-03-24/bitcoin-swaps-near-reality-as-tera-group-forms-legal-framework.html

(CFTC)의 승인을 기다리고 있으며 승인이 나면 비트코인계약의 스왑 거래를 출시하려고 하고 있다. CFTC는 자신의 디지털화폐에 대한 감독권한 여부 및 그 권한을 디지털화폐 시장을 규율하기 위하여 어떻게 사용할 것인가에 대하여 검토하고 있다. 테라의 대표 레오나드 누라(Leonard Nura)는 블룸버그와의 인터뷰에서 이 헤징 상품을 지원하기 위한 인프라와 규제의 틀은 이미 전통적 장외 스왑시장에 통용되고 있는 것이라고 하였다. 다만 규제당국의 승인이 비트코인 시장의 장기적인 성장에 필수적이라고 하였다. 테라의 비트코인 스왑은 비트코인을 현물로 인도함으로써 결제를 하는 방식이 아니라 미 달러화로 정산하는 NDF(Non Deliverable Forward)로 알려져 있다.

제너앤블럭(Jenner & Block)의 파트너 팀 카포프(Tim Karpoff), CFTC 의장의 법률고문 게리 겐슬러(Gary Gensler), 포데스타그룹(Podesta Group)의 대표 이스라엘 클라인(Israel Klein)은 공동으로 2014년 3월에 "시간이 갈수록 비트코인 파생상품시장은 더 깊어지고, 표준화되고, 유동성이 풍부해짐에 따라 거래비용이 줄 것이다. 이것이 비트코인 발전에 필수적인 통화 헤징의 유용성이다"라고 발표하였다. 비트코인 스왑이 비트코인 가격의 변동성을 완화하는 데 성공한다면, 비트코인이 투자자를 해치는 투기적 버블에 불과하다며 비판해 온 반대자들의 주장을 누그러뜨리는 데 상당한 효과가 있을 것이다.

예를 들어 국제 원유시장에서도 역시 쉽게 활용되고 전문적으로 관리되는 헤징 상품이 도입되기 전까지는 기관투자가들의 투자가 활발하지 않았다.[12] 상품선물시장의 전문가인 다니엘 마스터스(Daniel

---

12 Perianne Boring, *As Bitcoin Rallies, What are the best opportunities for investors to get in on the action?*, FORBES (June 4, 2014), available at

Masters)는 1999년의 석유산업과 지금의 비트코인 시장은 매우 유사하다고 분석하였다. 마스터스는 헤지펀드를 만들어 기관투자가들의 자금을 끌어 모은 후 원유선물에 투자함으로써 1999년 이후 원유가격 상승에 성공적으로 투자한 경험이 있다. 이에 영감을 얻어 마스터스는 저지(Jersey)[13]에 Global Advisors Bitcoin Investment Fund Limited (GAVI)라는 펀드를 만들었다.

마스터스의 투자전략은 비트코인 가격이 향후 5년 이내에 3,000% 이상 올라 1 비트코인당 15,000달러까지 오를 것이라는 확신에 입각하였다. GAVI는 2014년 7월에 저지 금융당국으로부터 승인을 받았으며 저지 정부 대변인은 디지털화폐 성장에 지원을 아끼지 않겠다고 발표하였다.[14] 아일오브맨(Isle of Man)[15]의 규제당국도 비트코인 허브가 되겠다며 비슷한 방침을 천명하였다. 아일오브맨의 금융감독위원회는 가상화폐 사업자가 자금송금업과 같이 2008년 금융서비스법(Financial Service Act)에 의하여 규제되는 분야의 사업에 종사하지 않는 한 당국이 감시하거나 규제하는 일은 없을 것이라고 밝혔다.

마스터스의 펀드가 미국 고객에 팔릴 수는 없지만 미국의 기관투자가들은 팔콘글로벌캐피탈(Falcon Global Capital, LP) 같은 SEC 규정 D 면제조항에 따라 운영되는 펀드에는 투자할 수 있다. 팔콘은

---

http://www.forbes.com/sites/perianneboring/2014/06/04/as−bitcoin−rallies−what−are−the−best−opportunities−for−investors−to−get−in−on−the−action
13 [역자주] 저지(Jersey)는 영불해협에 소재한 섬나라로 조세회피지역이다.
14 Nermin Hajdarbegovic, *First Regulated Bitcoin Investment Fund to launch on Island of Jersey*, COINDESK (July 10, 2014), available at
http://www.coindesk.com/first−regulated−bitcoin−investment−fund−launch−island−jersey
15 [역자주] 영국과 아일랜드 사이에 있는 섬나라로 조세회피지역이다.

2%의 등록수수료와 3%의 운용수수료를 부과하고 개인당 10만 달러부터 천만 달러까지 투자하도록 권유하고 있다. 팔콘은 비트코인을 해커의 공격으로부터 안전하게 보관하기 위하여 오프라인 저장소에 보관하고 보험에도 가입할 것이라고 한다.

제4장에서도 한번 언급하였듯이 기관투자가들은 2차 시장에 해당하는 비트코인투자신탁(BIT)에 투자함으로써 사모 상장지수투자신탁(Exchange Traded Fund; ETF) 상품에 투자할 수도 있다. BIT의 CEO인 배리 실버트(Barry Silbert)는 "우리는 가장 공격적으로 거래하고 있다. 약 200명의 거래상대방이 있다"고 하였다. BIT에는 최소 2.5만 달러를 투자하여야 하며 2%의 운용수수료와 0.5%의 선취수수료를 부담하여야 한다. 실버트는 2014년 말까지 ETF도 출시하려고 하며 이렇게 되면 일반대중도 투자에 참여할 수 있다고 전망하였다. 최근에 포브스(Forbes)지가 향후 비트코인 가격 전망에 대하여 묻자 배리 실버트는 향후 5년 내에 가격은 매우 치솟거나 아니면 추락할 것이라고 양극단의 전망을 내놓았다.

2014년 여름에 증권거래위원회는 윙클보스 형제가 보유 비트코인을 기초로 지분을 발행하고 이 지분이 거래소에서 거래되도록 하는 Winklevoss Bitcoin Trust(COIN)라고 불리는 ETF를 출시하는 것을 허용할 방침이라고 하였다.[16] 이 지분 환매도 물론 비트코인으로 결제될 것이다. 비트코인에 투자하는 헤지펀드의 출현과 ETF의 출현은 2014년에 이르러 가상화폐가 복잡한 투자대상이 되고 있음을 말해 주고 있다.

---

16 *Bitcoin ETF inching closer to reality*, FOX BUS. (June 4, 2014), available at http://www.foxbusiness.com/markets/2014/06/04/bitcoin−etf−inching−closer−to−reality

기술적, 경제적, 공공정책적 그리고 규제적 측면에서 비트코인이 가져온 대변혁은 앞으로도 오랫동안 21세기의 혼란과 혁신을 모두 자극하게 될 것이다. 비트코인과 규제당국은 현재 상호 상승작용을 하는 음양순환 체계로 얽혀 있다. 비트코인의 급속한 성장과 예상치 못한 잠재력은 현행 규제체계 내에 예측할 수 없는 어려움을 가져다주고 있고, 또한 미국이나 다른 나라 정부에 의한 갑작스런 어떤 결정은 비트코인을 하룻밤에 폭발적으로 흥하게 하거나 완전히 망하게도 할 수 있다. 2014년 초반에만 이루어진 비트코인에 대한 새로운 규제, 해석, 제한의 사례에서 보았듯이 비트코인이라는 것이 앞으로 3년이 갈지, 3달이 갈지, 아니면 3주 후에도 여전히 존재할지를 사실 예측하기 어렵다. 그러나 다음 한 가지는 분명하다. 비트코인이 도입한 기술과 탈 중앙화는 금융과 그것을 책임지고 있는 규제당국에 대 소동을 일으키고 있다는 것이다. 비트코인이 지배적인 디지털 화폐로서 자리를 잡지 못한다 하더라도 세계의 규제당국은 곧 엄연한 현실을 받아들이도록 강요받게 될 것이다. 나카모토 사토시의 소프트웨어는 금융판 판도라의 상자를 열었다. 이제 글로벌 암호화폐는 존재하게 되었고 아무도 이를 되돌릴 수는 없다.

# 번역 후기

비트코인은 1990년대 초반에 형성된 몇몇 인터넷 동호인 집단의 무정부주의 정치철학과 컴퓨터 기술의 발전이 결합하여 이루어진 것으로 볼 수 있다. 이들은 기본적으로 정부와 은행의 통제에서 벗어나 운영되는 개인 간 네트워크(peer to peer) 시스템을 지향하고 있으며 이를 가능하게 하기 위한 블록체인 기술에 착안하였다.

그러나 개인 간 네트워크 시스템은 그렇게 안전하지 않다. 중앙통제가 없는 특성상 어느 집단이 공모하여 컴퓨터 처리 용량의 51%를 차지하게 되면 시스템을 마음대로 조종할 수 있다. 중앙통제장치가 없는 탓에 해커의 공격에도 취약하다. 해커의 공격이 없더라도 비트코인 동호인에 의한 프로그램 업로드가 가능한 탓에 실수로 컴퓨터 프로그램에 오류가 입력된다면 시스템은 큰 혼란에 빠지게 된다. 또한 암호화폐의 특성상 살인청부, 불법무기, 마약거래 등 각종 불법거래를 용이하게 하면서 경찰의 추적을 어렵게 한다.

위의 걱정들은 놀랍게도 이미 벌어진 일들이다. 2014년 1월에 이미 지해시(GHash.IO)라는 최대의 비트코인 채굴 집단과 두 번째로 큰 채굴집단을 합하면 총 네트워크의 60%를 차지하였으므로, 이들이 마음만 먹었다면 얼마든지 비트코인 거래의 검증을 제멋대로 할 수 있었다. 2011년 6월부터 약 1년간 계속된 비트코인 가격의 하락은 마운트 곡스(Mt. Gox) 거래소의 이용자계정에 대한 해커의 공격에 기인하였다. 해커들은 수십만 비트코인을 절도하여 헐값에 처분하였고 결국 세계 최대 비트코인 거래소인 일본의 마운트 곡스는 약 5억 달러 가치의 비트코인을 잃고 파산을 신청하였다. 2013년 3월에는 비트코인 주 개발자가 저지른 프로그램 오류로 인하여 한동안 두 개의 블록체인이 존재하였고 이에 따라 비트코인 투매사태를 가져오기도 하였다. 비트코인으로 결제하는 온라인 불법거래사이트 실크로드(Silk Road)는 2013년 10월에 이르러 그 운영자 로스 울브리히트가 FBI에 의하여 체포되고 사이트가 폐쇄됨으로써 막을 내렸다. 이외에도 최근 우리나라에서 벌어지고 있는 랜섬웨어 공격자도 몸값으로 추적이 어려운 비트코인을 요구하는 등 암호화폐가 불법거래에 이용되는 사례는 많다.

나는 비트코인 문제를 접하는 사람들은 다음 두 가지 질문을 스스로에게 해 봐야 한다고 생각한다.

(1) 나는 무정부주의자인가?
(2) 나는 국가와 중앙은행이 관리하는 통화시스템이 부당하다고 믿는가?

만약 둘 중에 하나라도 그렇다고 믿는다면 비트코인을 잘 연구해 볼 필요가 있다. 그러나 그렇지 않다면 비트코인은 우리가 가까이하고 축복해줘야 할 대상이 아니다. 특히 정부와 은행에 근무하는 사람들이라면 적어도 직업상 의무감에서라도 비트코인과는 친구가 될 수 없다.

비트코인이 금융소외자들에게 도움이 될 것이라는 주장도 우리나라에서는 타당하지 않다. 우리나라는 전국 어디를 가나 가까운 거리에 은행, 저축은행, 신협, 새마을금고, 단위농협, 우체국 등 점포를 찾을 수 있고 계좌를 개설하고 이용하는 데 어떠한 언어상, 인종상 문제도 없다. 이러한 주장은 아직 저개발국인 아프리카 몇몇 나라들이나 땅이 워낙 넓어 금융기관 점포가 다 들어설 수 없는 남극대륙, 사하라사막, 몽골초원에 사는 사람들에게나 해당되는 말이다. 우리나라는 적당한 크기의 국토, 적당한 규모의 인구, 잘 발전된 전산망 그리고 뛰어난 자질의 은행 직원의 존재로 인하여 세계에서 최고로 강한 은행시스템을 가지고 있다.

비트코인 주창자들은 그 빠른 결제 속도로 인하여 현재의 은행을 통한 국제결제에 비하여 비트코인 결제가 우수하다고 한다. 비트코인이라는 것은 컴퓨터 프로그램에 불과하고 오직 컴퓨터 프로그램으로만 존재하는 것이므로 우리가 인터넷으로 이메일을 보내듯이 순식간에 전송이 가능한 것은 가상화폐인의 특성상 당연한 이야기이다. 그러나 가상화폐가 아닌 현실세계의 국가화폐는 송금메시지를 전송하는 것만으로 지급절차가 종결되지 않고 정산(settlement)이라는 절차가 필요하다. 정산은 다양한 방식으로 이루어지지만, 많은 경우에 일괄처리(batching) 및 상계(netting)라는 과정을 거쳐 은행 장부에 숫자를 가감하는 것으로 종결된다. 즉 속도 차이의 문제는 가상화폐와 국가화폐의 본질적인 특성에서 기인하는 것이지 비트코인 결제방식이 은행 지급결제방식보다 더 우수해서가 아니다. 은행을 통한 국제지급결제 분야에도 다양한 지급결제망이 있다. 비트코인 주창자들은 가장 기본적인 개방형 코레스 결제망(open correspondent network)과 비교하지만 예를 들어 신용카드 결제망은 어떠한가? 한국 여행자가 미국의 백화점에서 신용카드를 긁으면 순식간에 결제가 일어난다. 물론 은행들끼리 나중에 정산을 하겠지만 소비자들이 관여할 바는 아니다. 이에 비하면 비트코인은 속도 면에서도 오히려 열등하다. 비트코인으로 결제 시 채굴자들이 거래를 검증할 수 있도록 약 10분의 검증대

기시간이 필요하다고 한다.

신기술에 호기심이 많고 개방적인 우리나라 정부의 공무원들과 은행가들은 블록체인 기술에 영감을 얻어 이를 현재의 은행시스템에 접목시켜 어떠한 혁신을 가져올 수 있는지 연구하고 있는 듯하다. 은행에서 비트코인을 이용하여 송금을 한다는 등 여러 가지 아이디어들이 구체성을 결여한 채 선전구호처럼 던져지고 있다. 그러나 나는 한 번도 그 구체적인 작동원리에 대하여 앞뒤가 맞춰진 종합적인 설명을 들은 적이 없다. 소위 전문가들의 주장을 접할 때마다 과연 현재의 국경 간 은행결제시스템이나 제대로 이해하고 있는 것인지 의심이 들 뿐이다. 은행이 탈 은행화를 부르짖으며 개발된 블록체인 시스템을 이용한다는 이야기는 내게는 물과 기름을 섞겠다는 이야기로밖에 들리지 않는다.

비트코인을 접한 각국의 반응 중에서 중국의 반응을 주목할 만하다. 중국 정부는 2013년 12월에 은행이나 지급결제분야 종사자가 비트코인을 사용하는 것을 금지하였다. 그러면서 일반 국민들이 온라인상에서 비트코인 거래를 하는 것까지 금지하지는 않았지만 그 위험성을 충분히 경고하였다. 중국 정부는 무정부주의 철학에 기반한 가상화폐의 본질을 정확히 읽으면서도 국민들의 자유를 크게 제한하지 않는 절제를 보여주었다.

이 책의 저자 니콜라스 웬커는 나카모토 사토시가 금융판 판도라의 상자를 열었고 이에 따라 이제 글로벌 암호화폐는 존재하게 되었고 아무도 이를 되돌릴 수는 없다고 하였다. 이 말에 전적으로 동의한다. 그러나 우리가 글로벌 암호화폐에 대하여 불필요한 관심을 보이지 않는다면 스스로 고사하도록 내버려 둘 수는 있을 것이다.